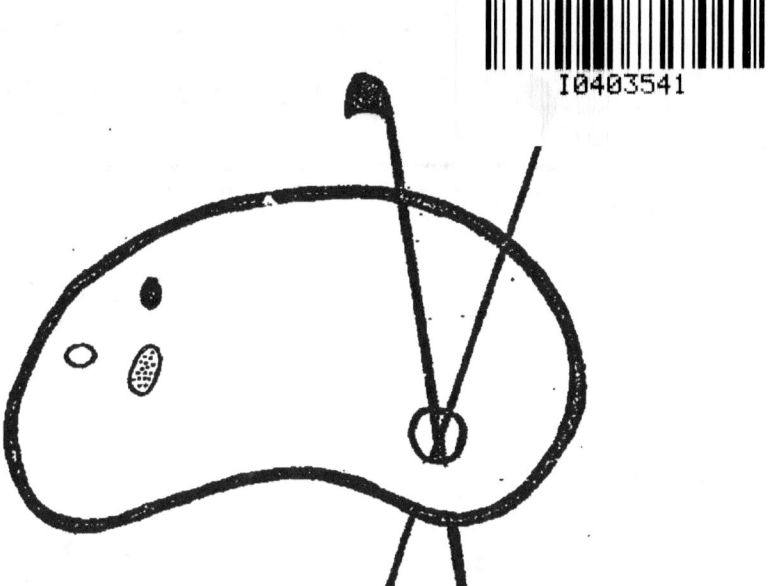

DEBUT D'UNE SERIE DE DOCUMENTS
EN COULEUR

ART ET LITTÉRATURE

Alphonse GERMAIN

L'Art chrétien en France

Des Origines au XVIe siècle

Troisième édition refondue et augmentée

BLOUD & Cie

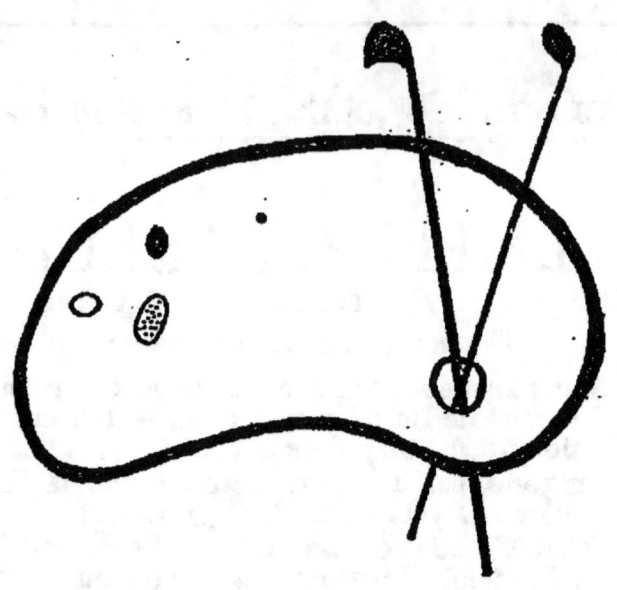

FIN D'UNE SERIE DE DOCUMENTS
EN COULEUR

L'Art chrétien en France
des origines au XVIe siècle

MÊME COLLECTION

ART ET LITTÉRATURE

L'ART CHRÉTIEN EN FRANCE

DES ORIGINES AU XVIᵉ SIÈCLE

*Sculptures, peintures,
tapisseries, mobilier d'église, etc.*

PAR

Alphonse GERMAIN

Lauréat de l'Académie Française.

PARIS

LIBRAIRIE BLOUD & Cⁱᵉ

4, RUE MADAME, 4
1907

DU MÊME AUTEUR

Le Sentiment de l'art et sa formation par l'étude des œuvres. — Ouvrage couronné par l'Académie française. 1 vol. in-12 de 385 pages. Librairie Bloud et Cⁱᵉ. Prix.. .... 3 fr. 50

L'Influence de saint François d'Assise sur la civilisation et les arts. — 1 vol in-12, 3ᵉ édition. Collection *Science et Religion*. Prix..................... 0 fr. 60

Comment rénover l'art chrétien. *Causes de sa dégénérescence et moyens de le relever.* — 1 vol. 3ᵉ édition. Même Collection. Prix..................... 0 fr. 60

Sainte Colette de Corbie. — 1 vol. in-12 de 333 pages. Librairie Vve Ch. Poussielgue, Paris, et Maison Saint-Roch, Couvin (Belgique). Prix................ 2 fr.

Le Bienheureux J.-B. Vianney, *tertiaire de Saint-François.* — 1 vol. in-12 de 210 pages. Ibid. Prix....................................... 1 fr. 50

Les Clouet. — 1 vol. orné de vingt-quatre gravures hors texte. Collection « *Les Grands Artistes* ». Librairie H. Laurens. Prix....................... 2 fr 50

Pour paraître prochainement :

L'Art chrétien en France, du xviᵉ *au* xixᵉ *siècle.*

CHAPITRE PREMIER

Les XIe et XIIe siècles.

La formation d'un art exige une série de phases longues et délicates. Il fallut près de six siècles pour transformer en art français les éléments fournis par les œuvres gallo-romaines et byzantines.

Pendant les VIIIe et IXe siècles, les artistes des régions appelées à devenir la France interprétèrent ou traduisirent en barbares, surtout au Nord et au Centre, les ouvrages orientaux et les motifs antiques. Il n'y eut guère d'adaptations ingénieuses hors du Midi, tout autorise cette conjecture. Bien avant le règne de Charlemagne, on cultivait activement les divers arts dans un grand nombre de monastères ; néanmoins, au XIe siècle, ni la sculpture, ni la peinture n'étaient sorties de la dernière phase des tàtonnements, des pastiches et des gaucheries. Religieux ou laïques, les artistes devaient obéir pendant plus de cent ans encore aux traditions de Rome et de Byzance.

Des ouvrages antérieurs à l'an 1000, il ne reste que de rares vestiges : quelques morceaux de décoration exécutés selon la manière romaine sur l'arcade plein cintre d'un porche encore debout, quoique datant du Xe siècle, de l'ancienne église latine de Saint-Front, une mosaïque à fond d'or portant l'empreinte byzantine dans l'église de Germigny-des-Prés (Loiret), les enluminures plus ou moins fidèles aux traditions précitées des *Evangéliaires* de Charlemagne (Biblioth. nationale), d'Angilbert (Biblioth. d'Abbeville), de l'abbaye de Saint-Denis (Biblioth. de Munich), de la *Bible* et du

Psautier de Charles le Chauve (Biblioth. nationale) (1).

Mais à partir du xie siècle, on peut suivre assez bien le développement de notre sculpture.

Les ornements et les têtes taillés sur les chapiteaux des arcs et des arcatures de l'église de Saint-Genou (Indre) ne présentent que des réminiscences. Certaines parties ressemblent à une ébauche malhabile de volutes ioniques, de feuilles d'acanthe corinthiennes, et l'emploi des têtes affrontées évoque l'antiquité orientale. La tradition byzantine se reconnaît dans les sculptures diverses qui décorent les piliers carrés et les chapiteaux de l'édifice avec les fragments duquel fut reconstruit le cloître de Moissac. Toutefois, les grandes figures tracées en bas-reliefs sur les piliers ont un caractère expressif déjà très particulier. La fine ornementation des chapiteaux de l'église de Rieux-Mérinville, près de Carcassonne, est encore bien latine ; néanmoins, elle décèle une tentative d'arrangement original. On remarque un essai analogue dans les sculptures de l'église de Saint-Benoît-sur-Loire (Loiret). Mais, dans maintes églises de l'Auvergne, du Limousin, du Nivernais, du Poitou et du Languedoc, notamment à Saint-Savin, à Orcival, à Clermont (Notre-Dame du Port), à Issoire (Saint-Paul), le décor resta byzantin et d'une exécution gauche. Ailleurs des ornemanistes se plurent aux motifs exclusivement linéaires. En Normandie surtout, ils semèrent sur les portails, les encadrements des galeries, les archivoltes et les arcades, des billettes, des pointes de diamant, des étoiles, des dessins imbriqués ou à bâtons rompus.

L'œuvre la plus importante, sinon la plus curieuse, des tailleurs d'images du xie siècle orne la façade de Notre-Dame-la-Grande, à Poitiers. La chute de l'homme et sa Rédemption y ont été figurées, avec un certain luxe de personnages, d'une manière à la fois

---

(1) Les miniatures de l'Evangéliaire de Charlemagne furent composées en 781 par Godescal. Ce sont les plus romanisantes. L'Evangéliaire d'Angilbert, d'aspect byzantin, date de 795. La Bible de Charles le Chauve fut œuvrée en 850 à l'abbaye de Saint-Martin de Tours, et il y a quelques types curieux dans ses miniatures aux rudesses très carolingiennes. L'Evangéliaire de Saint-Denis fut illustré en 870 par Liuthard et Beringaire.

hiératique et familière. Entre autres motifs, il en est un dont il n'y a pas beaucoup d'exemples dans la sculpture monumentale ; il représente, avec une ingénuité délectable, le *bain de l'Enfant Jésus*.

Des quelques mosaïques exécutées dans les années mille, il ne subsiste que l'énigmatique *chasse* de l'église de Lescar (Basses-Pyrénées), les ornementations de l'église de Sordes (Landes), et le motif à figure de Saint-Martin d'Ainay (Lyon) (1). Ce sont des ouvrages gallo-romains.

Le XIIᵉ siècle fut une époque de recherches et d'élaboration. Les sculptures luxuriantes de Saint-Trophime d'Arles, de Saint-Gilles (Languedoc), de Sainte-Marthe à Tarascon et du cloître de Montmajour se ressentent encore des influences romaines et byzantines, elles ne sont pas une traduction littérale. Et c'est aussi dans l'esprit plutôt que suivant la lettre de l'antiquité qu'ont été tracées les ornementations des cloîtres de certaines cathédrales, notamment à Aix, à Cavaillon en Provence, à Elne en Roussillon, à Saint-Bertrand en Comminges.

D'intéressantes tentatives de *naturalisation* apparaissent dans une figure qui décore la porte de l'ancienne abbatiale de Souillac, dans les motifs du tympan de l'ancienne abbatiale de Carennac (Lot) et ceux du portail de l'église de Moissac (Tarn-et-Garonne), où l'on remarque surtout un Christ bénissant très ascétique, autour duquel se pressent les symboles des Evangélistes, deux Anges et les Vieillards de l'Apocalypse. Les décorateurs se sont efforcés de donner de la vie aux figures ; gênés par leur formation traditionnelle, ils n'ont pu se débarrasser tout à fait du hiératisme, au moins l'ont-ils animé. Et ce premier résultat mérite quelque attention. Le même désir, on le reconnaît aisément, embrasait les décorateurs de la cathédrale d'Angoulême, qui avaient pris pour thème le Jugement dernier, et l'imagier du trumeau (porte centrale) de la cathédrale de Sens. Mais, de même que leurs confrères méridionaux, ils ne réussirent qu'à moitié, faute d'études d'après nature.

---

(1) Cette dernière mosaïque pourrait être du début du XIIᵉ siècle. L'effigie qu'on y voit est celle de l'archevêque qui fit reconstruire l'église vers la fin du XIᵉ siècle.

Dans l'ornementation, où cette étude est infiniment plus facile, les progrès furent beaucoup plus rapides ; nous en trouvons la preuve dans les quelques motifs subsistants de l'abbaye de Fontevrault, dans ceux du sanctuaire de Saint-Leu d'Esserent, de l'église Saint-Julien-le-Pauvre à Paris, dans le pilier aux monstres de l'abbatiale de Souillac, les rinceaux de Notre-Dame de Mantes, les chapiteaux, la clef de voûte et le fragment de rose de Notre-Dame de Laon.

Nos peintres, qui paraissent avoir été très influencés par le byzantinisme, manifestèrent de bonne heure leur sens décoratif, mais, ignorant la perspective et l'anatomie, ils ne pouvaient réaliser que des motifs bien rudimentaires.

Les plus anciennes peintures murales, celles de l'église de Saint-Savin (Vienne), détrempes à teintes plates naïvement juxtaposées, représentent *le Christ tenant le livre de vie, la Sainte Vierge à l'Enfant entourée d'Anges et de Saints, le Seigneur lançant le monde dans l'espace* (1), *Saint Michel combattant le dragon, les Offrandes de Caïn et d'Abel, l'ivresse de Noé, la tour de Babel, la Mort d'Abraham, la Fuite en Egypte*, deux épisodes de l'histoire de Joseph et différents saints. On dirait des enluminures de manuscrit agrandies sur une paroi, d'où sans doute leur saveur. Les vestiges de fresques rendus au jour dans l'église de Saint-Antoine (Isère) par les soins du R. P. Dom Gréa donnent la même impression. La principale qualité de nos peintres primitifs, c'est d'avoir compris quel genre de décor convenait au monument. Aussi ne peut-on dédaigner, en dépit de leurs défectuosités, des motifs comme *le Christ en gloire* de l'abside du temple Saint-Jean à Poitiers (2), comme les *figures bibliques* et la *Crucifixion* de l'église du Liget (Indre-et-Loire), du *Massacre* et de la *Fuite en Egypte* de l'église de Poncé

(1) Le Seigneur est silhouetté très décorativement dans ce motif (voûte).

(2) Les peintures de ce temple sont peut-être de la fin du IX° siècle. On regarde aussi comme appartenant à cette époque les vestiges de fresques de Saint-Julien de Tours (paroi orientale de la tour romane). Mais il est impossible aujourd'hui d'y reconnaître une forme quelconque.

(Sarthe) (1). Les peintures que Suger fit exécuter dans l'abbaye de Saint-Denis eussent renseigné infiniment mieux que tous ces fragments sur l'esprit et la manière des décorateurs muraux des règnes de Louis VI et de Louis VII ; il est fâcheux pour l'histoire des origines de notre art que de tels témoignages aient disparu.

Très en honneur dès l'époque carolingienne, la peinture sur vélin prit une grande extension au xiiᵉ siècle. Mais les enluminures à personnages restèrent lourdes. Celles de l'*Antiphonaire* daté de 1188, que possède la Bibliothèque nationale, et les gouaches (scènes de la Vie de Notre-Seigneur) qui se trouvent à Saint-Martin de Limoges donnent une idée du genre sous Philippe-Auguste. C'est seulement dans sa partie ornementale que la miniature présente alors un caractère d'art. Les lettres initiales de la Bible dite de Mazarin (Biblioth. nationale) se distinguent par une heureuse élégance.

Quant à la peinture sur verre, elle fut très cultivée au moins dès Louis VI. Mais il ne reste que bien peu de verrières antérieures aux années 1200. Les plus touchantes sont dans les cathédrales de Chartres (au-dessus du portail occidental), de Sens (Vie de Saint Eustache), d'Angers (*Annonciation, mort et funérailles* de de la Sainte Vierge), de Lyon (*Saint-Pierre*), dans l'église abbatiale de Saint-Denis (fond de l'abside) (2), les églises de Saint-Remi à Reims et de la Trinité à Vendôme (3). Les moyens d'exécution des verriers consistaient en cinq sortes de verre teint dans la masse et une seule couleur à l'émail, mais ils savaient combiner harmonieusement leurs tonalités et rendre leurs compositions décoratives. Quel que soit l'archaïsme des motifs qui les illustrent, les anciens vitraux font tous un excellent effet en place.

Les orfèvres, déjà très experts, surtout ceux de Sens, au ixᵉ siècle, réalisèrent force ouvrages artistiques dès

(1) Les peintures de Poncé et du Liget datent de la fin du xiiᵉ siècle.

(2) On remarque sur l'un des vitraux de cette basilique un Christ à belle physionomie mystique. Il se profile sur le médaillon qui représente le quadrige symbolique d'Aminadab.

(3) On voit aussi des débris de vitraux de la même époque dans Saint-Serge d'Angers et dans la chapelle de l'hôpital de cette même ville.

la fin du xe (1) : vases sacrés, reliquaires, châsses, cou-
vertures de livres saints, chandeliers à branches, tor-
chères, ostensoirs, burettes, etc. Mais on sait comment
les hérétiques, puis les sans-culottes traitèrent les trésors des églises. L'une des très rares pièces du xie siècle
qui aient échappé à la destruction se trouve au Louvre
(galerie d'Apollon). C'est une boîte d'Evangéliaire parée
d'un bas-relief d'or, de pierres, d'émaux et de cabochons. Du siècle suivant, on peut encore admirer :
l'autel portatif aux figures gravées et niellées, le reliquaire d'argent doré par places et celui de la vraie
Croix (2) du trésor de l'église des Conques (Aveyron),
le ciboire constellé de gemmes de la cathédrale de
Saint-Omer, la croix d'argent doré du musée de Rouen,
le vase de cristal de roche aux galbes élancés que sup-
porte une monture d'argent doré et le vase antique en
porphyre qu'un aigle de vermeil change en reliquaire
.(Louvre, galerie d'Apollon). Ces deux derniers ouvrages
sont les seuls subsistants de la série commandée par
Suger pour son église de Saint-Denis. Grâce à l'impulsion de l'éminent bénédictin, dont rien n'arrêtait le zèle
quand il s'agissait d'embellir les sanctuaires, grâce
enfin à son goût éclairé, l'orfèvrerie était devenue très
florissante dans la seconde moitié du xiie siècle. Les pièces précitées disent avec quel talent et quel style on travaillait alors les métaux précieux et les pierres fines.

De bonne heure, nos monastères avaient eu des
émailleurs. C'est l'un de ces foyers d'art, l'abbaye de
Solignac, fondée par saint Eloi (3), qui donna naissance
à ces ateliers de Limoges, dont tant d'œuvres remarquables devaient sortir. La plaque d'émail champlevé

(1) Le B. Richard, abbé du monastère de Saint-Viton de Verdun,
contribua beaucoup au mouvement de rénovation de l'orfèvrerie religieuse.

(2) Malheureusement, ce reliquaire a été très abîmé par les rema-
niements.

(3) Très actif et d'une intelligence supérieure, saint Eloi (Eligius)
fonda plusieurs monastères et contribua de toutes ses forces à former
nos arts. Rappelons qu'il avait fait œuvre d'orfèvre, et bellement,
avant d'être accaparé par ses devoirs d'évêque, de trésorier, de direc-
teur de la monnaie royale. C'est à Limoges, dans l'atelier du fameux
Abbon, où il était entré à la fin du vi^e siècle, qu'il s'était initié à l'art
complexe de l'orfèvrerie.

qui représente Geoffroy Plantagenet (Musée du Mans), celle d'émail cloisonné et champlevé où se tient un Christ byzantin (collect. Spitzer), les châsses d'Ambazac (Haute-Vienne) et de Gimel (Corrèze), le coffret en cuivre à plaques émaillées du Trésor de l'ancienne abbaye de Conques, le calice dit de saint Remi (cath. de Reims) indiquent les progrès accomplis par les ateliers limousins au cours du xiiᵉ siècle. Du cloisonnné, on avait passé au champlevé vers le début de ce siècle ; avant sa fin, on imagina la taille d'épargne (1). Ces divers procédés ont été agréablement réunis sur la châsse de l'église de Chambéret (Corrèze).

Tandis que l'art de forger le fer se perfectionnait vers la fin du xiᵉ siècle, — les grilles de la cathédrale du Puy en sont un exemple, — l'art de fondre le bronze renaissait. On le constate par la tête exécutée pour le heurtoir de la porte nord de la susdite cathédrale et par les fragments du candélabre de Saint-Remi de Reims (musée de cette ville). Cent ans plus tard, les forgerons savaient composer des motifs d'ornements et accomplissaient de vraies œuvres. Les grilles servant de clôtures latérales au chœur de l'ancienne église de l'Abbaye de Conques, celles du chœur de Saint-Germer, et différentes grilles et pentures de portes à Noyon, à Saint-Quentin, à Laon, à Reims, en donnent des témoignages précis.

Dans la seconde moitié du xiiᵉ siècle, les symptômes d'affranchissement se manifestent un peu partout ; on ne rejette pas brusquement les vieilles traditions, on s'applique à les transformer. De plus en plus, et de mieux en mieux, nos artistes observent autour d'eux et s'inspirent directement de la nature. Et comme ils n'ont pas encore assez la connaissance du corps humain pour traduire normalement leurs observations, il en

---

(1) Les émaux champlevés sont ceux dont les personnages ont eu leurs contours creusés afin de recevoir l'émail fusible. Dans les cloisonnés, les personnages ont leurs détails masqués par de menues lames de métal fixées sur le fond. La taille d'épargne consiste à réserver, à *épargner*, sur un fond champlevé, les mains, les pieds et les vêtements des personnages afin de les ciseler, alors qu'on modèle en relief la figure principale du motif et les têtes de son entourage.

résulte ce réalisme ingénu, à saveur particulière, des
sculptures de la cathédrale d'Autun, de la basilique de
Saint-Denis, des églises d'Ydes (Cantal), du prieuré de
Charlieu (Loire), de la Madeleine à Vézelay, de
Saint Andoche de Saulieu.

Champenois, Picards, Berrichons, Bourguignons,
originaires de l'Ile-de-France, du Nivernais, du Velay,
du Lyonnais et du Maine rivalisent d'ardeur en ce
retour à la bonne source. Chaque région veut avoir un
ou plusieurs centres d'enseignement technique pour les
tailleurs de pierre, les peintres, les enlumineurs, les
verriers, les orfèvres, les ivoiriers, les artisans du fer et
du bois. Ainsi se forme un art à caractère ethnique,
dont les interprétations varient légèrement selon les
provinces. Et partout, chez les divers interprètes de la
figure humaine, une qualité domine : comme leurs
devanciers, ils s'appliquent à travailler en décorateurs
muraux.

Le naturalisme naissant régénéra d'abord l'ornementation. Les Byzantins avaient défiguré l'animal et
dénaturé la plante en caprices ingénieux ou gracieux,
mais inexpressifs. C'est en leur conservant leur caractère et leur vie que les Français, harmonistes intelligents,
adaptèrent la plante et la fleur aux décors du monument ou du manuscrit. C'est en les rendant plausibles
qu'ils créèrent des animaux fantastiques, toute cette
stupéfiante zoologie des gargouilles, des bestiaires et des
tapisseries, tous ces monstres impossibles et cependant
viables, car les imaginatifs qui les conçurent s'inspirè-
rent des réalités sensibles (2). Ce que les Egyptiens,
les Chaldéens, les Assyriens avaient fait dans leurs
temples et leurs palais avec la flore de leurs zones, nos
décorateurs le firent en artistes plus hardis et plus
affinés avec la fougère, le plantain, le cresson, la chéli-
doine, l'hépatique, le trèfle, la renoncule, l'arum, l'anco-

---

(2) La minuscule chimère (Louvre) qui provient de l'ancienne
Abbaye de Sainte-Geneviève de Paris en est un délicieux exemple.

lie, le persil, le lierre, la vigne, le fraisier, le muflier, le genêt, les feuilles de chêne et de hêtre.

Au XIIIᵉ siècle, ils allaient prodiguer dans les églises, avec une exubérance charmante, cette végétation de pierre qu'ils arrangeaient en innombrables motifs. Regardez l'intérieur de leurs cathédrales, il semble que cette végétation se soit glissée partout, ait pris racine sur tout. Elle a envahi les porches, grimpé sur les colonnes, les entablements, les rinceaux, elle s'étale sur les tympans (1), tapisse les chapiteaux et les voussures, elle encadre un personnage à telle porte ou s'enche-vêtre à telle autre avec les bêtes fabuleuses ; elle enguir-lande ici, elle festonne là et se déroule ailleurs en sarabande. Et cette flore a été unie aux ossatures de l'édifice avec tant de tact et de dilection, que, prodige d'art, elle reste vivante quoique pétrifiée. C'est mieux qu'un ensemble heureux d'entrelacs, de volutes, de rinceaux et de méandres, c'est une vraie végétation idéale.

En même temps que le décor ornemental, la repré-sentation du corps humain se perfectionna, mais on comprend qu'elle n'atteignit pas aussi vite un tel degré d'originalité. Les figures du portail nord de Saint-Denis, celles des deux porches latéraux de la cathédrale de Bourges (2), celles des cathédrales de Chartres et de Paris qui ont été taillées au XIIᵉ siècle, présentent encore des formes raidies, mais leurs faces sont marquées d'un caractère individuel. Or c'est par cette interprétation expressive de la tête que se distingueront les sculpteurs des âges suivants.

(1) Les rinceaux des voussures du portail principal de Notre-Dame de Paris en sont de précieux spécimens.

(2) Ces figures proviennent des portails de l'ancienne cathédrale du XIIᵉ siècle.

CHAPITRE II

Le XIIIᵉ siècle.

Elaboré par des générations d'assimilateurs désireux d'arriver à une interprétation loyale, l'art chrétien de France apparaît complètement formé et très robuste au xIIIᵉ siècle. Il est bien alors l'art français — *opus francigenum*. Et comme ses diverses formes émanent de la Religion, comme elles s'en inspirent et s'y rattachent, cet art se développera d'un manière prestigieuse à mesure que le pays se couvrira d'églises (1).

La sculpture devient franchement originale. Les groupes sont arrangés, animés avec une vie qui ne nuit en rien à l'harmonie. Les figures s'équilibrent, s'humanisent et manifestent les caractères de notre race, non plus seulement par leur tête, mais souvent aussi par leur attitude. On le constate à Chartres par les statues aux physionomies si variées des porches septentrional et méridional ; à Paris, par les motifs d'une simplicité touchante qui représentent la résurrection de Marie et son couronnement (tympan de la façade occidentale, portail de gauche) : à Bourges, par les Prophètes, les Reines et le *Jugement dernier* (porche central), ce poème d'un ancêtre de Rodin ; à Reims, par les prophètes de la galerie du transept et un *saint Jacques le majeur* des plus champenois, par l'*Eve* et les figures de la façade où se détache une *Visitation* que deux poses rendent éloquente, par le *Melchisédech* et l'*Abraham* de la face intérieure du portail ; à Amiens, par les personnages du porche ouest et de la porte sud ; à Nevers, par ceux de la base des colonnes et du triforium ; à Saint-Père-sous-Vézelay, par ceux du porche ; au Bourget (Savoie), par

(1) Sur l'architecture religieuse, cf. les remarquables ouvrages de M. Anthyme Saint-Paul : *L'Histoire monumentale de la France*, chez Hachette, et *Architecture et Catholicisme*, collect. *Science et Religion*, Bloud et Cⁱᵉ, et ceux, non moins dignes d'attention, de M. Louis Brehier : *Les Eglises romanes* et les *Eglises gothiques*, ibid.

la très dramatique *Descente de Croix* ; à la Sainte-Chapelle de Paris, par les *Apôtres* (1).

Ailleurs, les exemples, quoique moins impressionnants, n'en sont pas moins remarquables. Aussi l'histoire sainte n'est-elle pas seulement racontée avec un art merveilleux aux façades des cathédrales, elle y apparaît traduite en *français*, tant les personnages qui l'illustrent sentent leur terroir.

Ce sont également de bons chrétiens que ces personnages. La plupart paraissent fort pieux et quelques-uns rayonnent de la spiritualité : tels, le majestueux Christ enseignant et la suave Sainte Vierge à l'Enfant d'Amiens (porche central du portail occidental et porte dorée), la Reine du Ciel couronnée au portail central de Reims, la Notre-Dame, si gentiment peuple, de Paris (portail nord), la Sainte Modeste de Chartres (porche nord), l'un des Apôtres du musée de Cluny, le petit Ange qui se tient à gauche de la tête de l'image funéraire de Philippe, frère de saint Louis (ancienne abbaye de Royaumont, Seine-et-Oise). D'autres figures sont empreintes d'une belle gravité, d'une rare noblesse morale. De ce nombre : le saint Georges, le saint Martin, le saint Grégoire le Grand de Chartres (porche sud), le Melchisédech, le Moïse, le Samuel, l'Isaïe, le Jérémie, le saint Pierre de la même cathédrale (porte septentrionale) ; les Apôtres, le saint Théodore et le saint Firmin d'Amiens (portail occidental), le saint Leu de Saint-Leu d'Esserent (Oise).

Et maintes œuvres de moindre importance disséminées un peu partout, dont la souriante Vierge-Mère du Jardin de Cluny, achèvent de prouver que l'élite de nos artistes était très capable d'exprimer les sentiments religieux, de rendre sensible le mysticisme.

On connaît les noms de quelques maîtres d'œuvres des xiiᵉ et xiiiᵉ siècles, on ignore ceux de leurs contemporains qui s'appliquèrent à historier les édifices du culte. Si l'on a tout lieu de croire que l'architecte Eudes de Montreuil pratiquait aussi la sculpture, on ne peut lui attribuer une seule figure.

_____

(1) Quelques-uns de ces *Apôtres* ont été entièrement refaits. On en peut voir les originaux au musée de Cluny.

Dans l'exécution des plus modestes bas-reliefs, des statuettes les plus humbles comme dans la décoration des sépultures et des pierres tombales, les tailleurs d'images déployèrent les mêmes qualités que dans la grande sculpture.

Les bas-reliefs aux têtes décapitées du linteau de la porte droite de la cathédrale de Laon, les décors des piliers du porche sud à Chartres, le petit *Saint Matthieu écrivant sous la dictée de l'Ange* (Louvre), le saint Pierre (musée de Lyon), qui provient de Saint-Nectaire (Puy-de-Dôme), ont une structure synthétique qui les approprie aux cadres architecturaux pour lesquels ils furent taillés.

Les travaux agricoles ont été figurés en bas-reliefs avec un excellent esprit d'observation et d'une manière très décorative dans diverses cathédrales, notamment à Chartres, à Paris, à Reims, à Amiens. En ce dernier lieu, les motifs qui représentent les phases de la moisson, le prélude de la viticulture, le foulage du raisin et les semailles (portail ouest), sont particulièrement affectifs. A Reims, certaine scène de vendange égaye un chapiteau d'un effet de plein air ; à Paris, au porche ouest, le paysan qui aiguise sa faux et celui qui jette le grain dans les sillons font penser à Millet.

L'habitude de symboliser les saisons ou les mois par les travaux des champs était très répandue au moyen âge ; en voyant ces images généralisatrices aux parois des églises, les populations apprenaient à mieux sanctifier et aimer leurs labeurs quotidiens. De telles images complémentaient l'enseignement de la doctrine, elles proclamaient la valeur du travail accompli, dans un esprit de renoncement, pour obéir à la volonté sainte. Les travaux de la terre étant plus parfaitement symboliques puisqu'ils rappellent les conséquences de la chute, la tâche imposée par Dieu à Adam, on les représentait, on les exaltait de préférence ; mais en plusieurs endroits, à Chartres, à Bourges, à Reims, à Semur, par exemple, différentes évocations de labeurs des villes furent tracées (1).

(1) A Chartres, au portail nord, on voit aussi les sciences et les arts plastiques. C'est surtout sur les vitraux que les métiers ont été figurés.

Enfin, comme l'homme, ses devoirs remplis, a droit à des répits, des diversions, des joies, certains mois d'hiver et de printemps étaient configurés par des scènes de repos, de promenade, de chasse, de fête. Au *février* d'Amiens, un villageois se chauffe au coin de son feu ; au *mai*, un autre hume l'air quiètement sous ses arbres. Le *mai* de Paris est un jeune seigneur qui s'avance son faucon sur le poing. Afin que le calendrier fût complet et précis, les signes du zodiaque accompagnaient les tableaux des mois. Les *gémeaux* d'Amiens ont servi de prétexte à une charmante idylle.

L'ancien jubé de Bourges était orné de bas-reliefs fort remarquables si l'on en juge par ceux que l'on a retrouvés et qui sont maintenant au Louvre. Deux des motifs, *le baiser de Judas* et *Pilate*, présentent, quoique très mutilés, un intérêt supérieur. Car, justement parce que les têtes de leurs personnages ont disparu, ils prouvent la puissance expressive des attitudes et des gestes écrits par un véritable artiste. Pilate se tient, assis les jambes croisées, une main négligemment posée sur une cuisse, en homme qui se désintéresse de ce qu'il doit entendre ; Judas, dans un mouvement oblique, que l'on devine rapide, se rapproche du divin Rabbi, dont le corps, les plis de la robe nous le disent, reste droit et calme. Qu'avons-nous besoin de visages pour connaître la psychologie de ces êtres ? Et ces attitudes, ces gestes si naturels dessinent une série de lignes dont l'équilibre, artistement réalisé, constitue une harmonie, dont l'effet se trouvait renforcé par des colorations, encore visibles sur les reliefs. Voilà pour établir sans conteste la supériorité de l'*interprétation* sur la meilleure des traductions littérales. Et d'autres figures mutilées, comme celles du *Couronnement* de l'abbaye de Longpont (tympan) et celles du portail central (façade occidentale) de Saint-Etienne à Auxerre, comme la *Sybille Erythrée* de Laon (façade, voussure du portail gauche), comme l'*Octobre* de Notre-Dame de Paris (porche ouest), s'imposent à l'attention par des qualités analogues.

On retrouve dans la décoration du tombeau de saint Etienne, ce joyau de l'église d'Aubazine (Corrèze), cette fertilité d'inventions, cette ingéniosité d'ordonnance qui rendent attachants les plus vastes motifs. Et les revêtements de sépultures sur lesquels on gravait au trait les figures des défunts, montrent à quelle intelligente simplification des formes et à quelle fermeté d'indication certains sculpteurs étaient arrivés. Les pierres de l'architecte Libergier à la cathédrale de Reims, de Jean de Visines à Saint-Quiriace de Provins, et celles de la Sainte-Chapelle de Paris dégagent cette vie particulière aux esquisses et aux cartons.

Les ornemanistes, nous l'avons dit, tirèrent de la plante et de la fleur une décoration des mieux comprises et des plus harmonieuses. On en voit d'admirables exemples non seulement dans nos cathédrales, mais encore à l'abbaye du Mont-Saint-Michel, sur les tympans intérieurs du cloître, dans le jardin du musée de Cluny, sur le portail de la chapelle de la Sainte Vierge qui provient de l'ancienne abbaye de Saint-Germain-des-Prés, et dans maintes églises. Les spécimens de décors illustrés d'animaux réels ou fantastiques ne sont ni moins heureux ni moins divers. On peut s'en convaincre par les seize bœufs des tours de Laon, l'éléphant, l'autruche, le chameau du portail de Sens et les humbles bêtes qui font des soubassements de la cathédrale lyonnaise un album savoureux autant qu'imprévu (1) ; par le griffon et la sirène du portail de Sens, les gargouilles de Reims, le poisson et les oiseaux chimériques de Notre-Dame de Paris (2).

Tandis que progressait la sculpture, tout à fait dans sa voie normale, la peinture était arrêtée dans son essor par les nouvelles dispositions de l'architecture.

(1) On y découvre, en effet, des poulets en équilibre sur une patte, un écureuil accomplissant entre des branches ses exercices de gymnastique, un corbeau perché sur le cadavre d'un lapin, un oiseau pêcheur capturant une anguille, un escargot, une tête de porc. Sculptées probablement au début du XIV° siècle, ces bêtes ont tous les caractères de l'âge précédent. Les animaux exotiques de Sens ont été tracés pour invoquer les contrées lointaines et achever de symboliser l'univers, chaque cathédrale devant être à sa manière une encyclopédie. A Laon, les images des bœufs rappellent les services rendus par ces bons serviteurs de l'homme lors de la construction de l'édifice.

(2) Le poisson est dans le motif qui symbolise la mer (façade septentrionale, portail de gauche), les oiseaux sont sur les rinceaux de la porte principale.

Ajourées prodigalement de fenêtres et d'arcades, les parois des églises ne pouvaient plus recevoir de grands motifs ; seuls, les embrasements des fenêtres et quelques rares triangles des voûtes se prêtaient à une décoration peinte, forcément exiguë. Mais, dans beaucoup d'endroits, on couvrit de teintes, plutôt sobres, discrètes, les moulures, les chapiteaux et, parfois, les voûtes et les murailles des absides. Sans doute enlumina-t-on de même maints bas-reliefs, tant à l'extérieur qu'à l'intérieur des églises. Plusieurs statues ont conservé leurs colorations mieux que les scènes de Bourges. On sait, d'autre part, qu'à l'origine les figures du portail principal de Notre-Dame de Paris étaient peintes et que l'espace entre elles était doré (1).

Les peintres ne se débarrassèrent que très lentement des réminiscences orientales et antiques ; la statuaire était délivrée de toute entrave qu'ils disposaient encore selon la manière romaine les draperies, les cheveux et la barbe de leurs personnages.

Le Christ glorieux, les Saints et les Anges peints sur la voûte de Saint-Crépin, à Evron (Mayenne), la Sainte Vierge, l'Enfant et les célicoles réunis dans l'abside de la Maison-Dieu à Montmorillon (Vienne), semblent, par leur raideur, appartenir à l'âge précédent ; toutefois la sainte Mère de Dieu, par l'ineffable baiser dont elle caresse la main de son Fils, montre que l'art vient de s'élever. Désormais, on s'efforcera de traduire les sentiments.

Le *Saint Martin déchirant son manteau* de Saint-Gatien de Tours, les motifs tirés des travaux agricoles dont il reste quelques traces sur l'intrados d'un arc dans l'église de Pritz, près de Laval, la *Fuite en Egypte* de l'ancienne léproserie du Petit-Quévilly, près Rouen, trahissent l'inexpérience d'un décorateur très en retard, Le *Christ en croix* de la cathédrale du Puy (chapelle des morts), ouvrage d'un caractériste féroce, permet de supposer qu'il y avait en Auvergne un groupe de pein-

(1) Cf. la *Description de Notre-Dame de Paris par un évêque de la Grande-Arménie, Annales archéolog.*, t. 100, et suivantes. C'est au xvᵉ siècle que cet évêque vit la cathédrale parisienne et l'harmonie de sa façade l'impressionna profondément.

tres qui s'attachaient aux traits exagérateurs pour mieux exprimer les souffrances physiques et les douleurs morales.

Ces motifs et ceux qui se trouvent dans la cathédrale de Reims (porte ouvrant sur le transept nord), dans le temple Saint-Jean à Poitiers, dans les églises de Saint-Emilion et de Saint-Germer (retable), n'occupent qu'un espace restreint. La cathédrale de Cahors est une des rares églises que l'on ait pu décorer d'une composition de quelque importance. Peinte à l'œuf (1) sur la coupole occidentale, cette composition comprend huit parties séparées par des rinceaux de fleurs et de fruits et couronnées par une frise. Celle-ci glorifie saint Etienne, patron de la paroisse ; ailleurs, se silhouettent les images des Prophètes. Commencées très probablement au xiiiᵉ siècle et achevées au xivᵉ, ces peintures engendrent une parfaite harmonie tant par leur arrangement que par leurs tonalités. Les personnages sont d'un dessin qui laisse à désirer, car les « paingneurs » ne connaissaient encore que sommairement la forme humaine, mais ils ont été réalisés avec une vigueur juvénile et leurs masques rachètent par un caractère très expressif les défectuosités de leurs contextures.

On sait qu'un certain Etienne d'Auxerre (maistre Estienne d'Auchoirre) décora en 1295 la chapelle du château de Hesdin et, quatre ans plus tard, un tabernacle pour le comte d'Artois ; de ces travaux, il ne reste rien. Rien non plus du Denis qui vivait à Tours en 1281.

En général, les décorations peintes des églises étaient purement ornementales. On en relève maints exemples, dont plusieurs dignes d'étude, dans les cathédrales de Bourges, de Dijon, de Clermont, de Noyon (salle capitulaire), du Puy (chapelle des morts) ; dans les églises de Saint-Ours à Loches, de Saint-Barnard à Romans, des Jacobins à Agen, de Saint-Michel d'Aiguilhe (Haute-Loire), de Saint-Julien de Brioude (id.), de Poncé (Sarthe), de Saint-Crépin d'Evron. On en trouve aussi divers spécimens dans l'Abbaye d'Hambye (palais abbatial), la crypte de la cathédrale de Chartres, les églises de

(1) L'emploi de l'œuf dans la peinture à la détrempe est fort ancien. Pline en parle, L. xxxv, ch. 26.

Saint-Désiré (Allier), de Saint-Chef (Isère), de Saint-Quiriace à Provins, l'ancienne abbaye de Cadouin (Dordogne), la salle capitulaire de Saint-Trophime d'Arles (1).

Mais on ne décorait pas seulement les murailles, certains meubles recevaient toute une parure peinte. On les recouvrait de toiles légèrement enduites de plâtre et, sur ce subjectile, les peintres exécutaient des figures et des ornements. C'est ainsi qu'ont été décorées l'armoire de la cathédrale de Noyon et la châsse que conserve la cathédrale d'Albi. Les deux séries de volets qui constituent la première sont ornées d'Anges et de Saints, de rinceaux et de fleurs de lis. Sur la seconde, très abîmée, on ne distingue plus qu'un saint Laurent et plusieurs saintes dont Ursule. Ces peintures ne manquent pas d'intérêt.

Vers la fin du règne de saint Louis, les enlumineurs assouplissent, humanisent leurs interprétations de la figure humaine ; devenus plus audacieux dans le maniement de la gouache, ils s'essayent à modeler et à portraire. Les miniatures du *Credo* exécutées en 1287 pour Joinville (Biblioth. nationale), du *Psautier* de saint Louis (id.), de *l'Evangéliaire* de la Sainte-Chapelle (id.), du *Livre du Trésor*, où les scènes de la Passion sont superposées comme les compartiments d'un vitrail, — pour ne citer que les principales, — renseignent à cet égard de la plus délectable manière.

Comme les sculpteurs, les miniaturistes s'efforcent d'exprimer de la vie, de donner une physionomie aux têtes, et ils se distinguent par la diversité de leurs combinaisons ornementales, la luxuriance de leurs décors, la fraîcheur de leur palette. Les manuscrits de tout genre se couvrent d'initiales historiées et fleuries, d'onciales, de majuscules à filigranes ou à rinceaux, de lettrines, tout à fait dignes d'étude ; bientôt ils s'enrichiront de scènes où les personnages joueront un rôle prépondérant.

Servie très à propos par quelques découvertes, la

(1) Les vestiges de la tour Ferrande à Pernes (Vaucluse) et du château de Coucy dans l'Aisne montrent que l'on commençait d'orner avec beaucoup de goût aussi les demeures seigneuriales.

peinture sur verre donne assez vite de prestigieux résultats et remplace la peinture murale dans les églises. On ne saurait le regretter, car le vitrail coloré, en effet, n'offre pas seulement aux regards une gamme éblouissante de lumières polychromes, de flammes somptueuses, d'arcs-en-ciel embrasés, il rayonne du mystère et corrobore ainsi les effets de l'architecture pieuse. De belles verrières du XIIIᵉ siècle parent Notre-Dame de Chartres (*Vie de saint Eustache, saint Georges* et les savoureux panneaux où sont représentés, saisis sur le vif, des imagiers et divers artisans en plein labeur), les cathédrales de Bourges (*Composition symbolique, l'Apocalypse*), de Lyon (*Fuite en Égypte, Lazare, Vision* et *Mort de saint Jean, Lion et Lionceaux, Aigle et Aiglons*), de Poitiers (*Crucifixion*), de Laon (*la Sainte Vierge*), de Troyes (id.), de Sens (*le Bon Samaritain, l'Enfant prodigue*), de Tours (*Enfance de Jésus*), de Rouen (*la Passion*), du Mans (*Miracles de Marie*). On voit aussi d'admirables vitraux dans la Sainte-Chapelle de Paris (1), dans les cathédrales de Reims, d'Amiens (2), de Clermont-Ferrand (chap. de la Bonne-Mort), de Dol (au chevet), d'Angers, de Châlons-sur-Marne, dans Notre-Dame (même ville), la collégiale de Saint-Quentin, les églises de Saint-Germer et de Saint-Julien du Sault (Yonne).

Tous les vitraux ne reçurent pas ces formes carrées ou oblongues qui conviennent si bien, l'une aux compositions, l'autre aux figures isolées. On imagina de donner à certaines verrières l'aspect, très ornementalisé, de la reine des fleurs. Et les cathédrales furent dotées de cette merveille : la rose. Rose aux pétales multicolores et translucides où le soleil soulève des poussières de gemmes ! L'une des plus magnifiques de ces verrières resplendit au transept nord de la cathédrale de Chartres. L'une des plus dramatiquement illustrées fait flamboyer le *Jugement dernier* dans l'église de Mantes. Et celles des cathédrales de Paris et de Soissons enchantent par leurs poèmes de colorations

(1) Dix-neuf panneaux seulement sont du XIIIᵉ siècle.

(2) Dans cette cathédrale, les deux vitraux de la chapelle de la Sainte Vierge ont été fortement altérés par des restaurations.

somptueuses ; car, aux tons de pourpre, d'émeraude et de saphir obtenus par leurs devanciers, les verriers du XIIIᵉ siècle avaient ajouté des teintes évoquant la topaze, l'améthyste et le porphyre.

Les orfèvres avaient acquis une intelligente dextérité dans le travail des figures de haut et de bas reliefs comme dans la niellure. Divers ouvrages renseignent sur leur valeur : la *châsse de sainte Julie* (église de Jouarre) quoique privée de ses statuettes, le *fermail* à fleurs de lis qui faisait partie du trésor de Saint-Denis (Louvre), la *châsse de saint Taurin* (Evreux), le *reliquaire de la Sainte-Epine,* exquis en sa simplicité, du couvent des Augustines d'Arras, la *monstrance des reliques de saint Junien* (Saint-Sylvestre, Haute-Vienne), le *reliquaire* en cuivre doré de la collection Sellière, l'*encensoir* aux trois enfants dans la fournaise (Lille, musée archéologique), une vivante figure de roi, haut relief en argent doré et repoussé (à M. Hœntschel, Paris).

Mais, hélas ! le chef-d'œuvre de l'orfèvrerie parisienne au XIIIᵉ siècle, la châsse de sainte Geneviève, exécutée sous la direction de Bonnard, fut volée par les Jacobins en 1793 et fondue stupidement à la Monnaie.

Non moins habiles à combiner les tonalités opulentes ou rares avec les ors qu'à ciseler les figures et les ornements, les orfèvres émailleurs accomplirent maintes œuvres de style, dont quelques-unes ont bravé les âges et les fureurs révolutionnaires. De ce nombre : les châsses de la cathédrale de Tulle et de l'église de Moissat-Bas (Puy-de-Dôme), et plusieurs pièces conservées au Louvre : le *coffret,* dit de Saint Louis, la *crosse* en cuivre qu'historie une Annonciation, le *ciboire* que signa G. Alpais de Limoges (1).

Les ivoiriers, encore malhabiles à l'âge précédent, arrivent à la maîtrise sous saint Louis. Ce sont des merveilles de délicatesse qu'offrent aux regards les *scènes de la vie du Christ,* du diptyque de la Bibliothèque Vaticane, l'*Annonciation,* dont l'ange appartient à M. Chalandon et la Vierge à M. P. Garnier (Paris), la

(1) Cette pièce est aussi un chef-d'œuvre de chaudronnerie.

Madame la Vierge (Louvre), si naturelle et si pure, le *Couronnement de Marie* (id.), bien terrestre mais expressif, et la *Descente de Croix* (id.), émouvante par l'humanité de ses personnages.

Le bois ayant été remis en honneur au milieu du siècle, les sculpteurs qui travaillaient cette matière ne tardèrent pas à égaler les autres imagiers. Le *Roi* de l'ancienne collection Courajod (Louvre) vaut les statues des porches célèbres. L'*Ange* du même musée, vivant et charmeur, est aussi bien construit et drapé que les meilleures figurines de pierre et d'ivoire ses contemporaines. C'est à des maîtres ignorés comme l'auteur de cette statuette que les ateliers de Paris et de la Chaise-Dieu durent leur renom. Quant aux ouvrages d'ornementation, on les avait toujours combinés et caressés avec sollicitude. Les stalles de Notre-Dame de la Roche (Seine-et-Marne) et de la cathédrale de Poitiers, les fragments de celle de Saint-Andoche de Saulieu font regretter la perte des autres décors du même genre.

Les artisans du fer continuèrent d'œuvrer en artistes, mais nous n'avons pour le constater que peu de vestiges : les élégantes pentures des vantaux du portail nord de Notre-Dame de Paris, celles d'une porte de la Madeleine à Vézelay, celles de l'huis de la sacristie de la cathédrale de Sens et les fragments de grilles de l'abbatiale de Saint-Denis.

Nous n'avons aussi qu'un nombre infime de pièces, dont l'étole et le morceau de lectrin du Trésor de Sens, pour apprécier comme il convient le goût et la virtuosité des décorateurs de vêtements sacrés et d'objets du culte.

CHAPITRE III

Le XIV⁰ siècle.

Intimement liée à l'architecture, la sculpture devait en partager la fortune. A mesure que l'une perdit de sa simplicité et de sa force, l'autre devint maniérée comme dans tant de Vierges d'un peu partout, ou sèchement correcte comme à la cathédrale de Bordeaux (porte du transept septentrional), ou triviale comme en les églises d'Evron dans l'Anjou (figures du cul-de-lampe et du tympan) et de Saint-Nazaire à Carcassonne (chapiteaux du chœur, têtes des culots d'arcature et de la corniche de l'abside). C'est toujours une lourde tâche que de succéder à une dynastie de maîtres ayant prodigué les chefs-d'œuvre ; mais alors, les circonstances l'aggravaient singulièrement. L'art avait, au xiii⁰ siècle, poussé de trop vigoureux rejetons pour n'être pas quelque peu épuisé à l'âge suivant. Les artistes des nouvelles générations ne pouvaient guère tenter que son affinage. Mais, pour réussir dans l'entreprise, il fallait une somme de goût que les corporations étaient loin de posséder.

Procédant, « élabourant » en imagiers de figurines, la plupart des statuaires, au lieu d'affiner leur art, l'amoindrirent par des complications, l'émacièrent sous des enjolivements. Comme tous les dégénérés, ils exagérèrent l'importance de l'habileté manuelle, et cette aberration les détourna du respect des principes essentiels. Leurs aînés avaient parfois outré certains mouvements, allongé certains membres en vue d'harmoniser une figure avec son entourage architectural ; ils abusèrent de cette licence et la poussèrent jusqu'à la charge. Et comme ils s'inquiétaient moins d'équilibrer des lignes que d'amenuiser dextrement des reliefs, ils s'habituèrent à négliger la structure de leurs motifs et de leurs personnages. On en relève des preuves convaincantes dans les figures mal drapées du portail des Libraires (cathédrale de Rouen), le *Saint Jacques* de l'ancienne église parisienne de ce nom (musée de Cluny), l'*Adam*, la *Sainte Vierge*, le *Baptiste* de l'abbatiale de Saint-Denis (id.), le *Dais* du portail de la cathédrale de Lyon, les *Prophètes* conservés au musée de Troyes, les *Saint Antoine de Padoue* et *Saint Louis d'Anjou* du musée de Toulouse, les statuettes du chœur de l'église d'Evron. La plupart des statues de cette époque exhibent des têtes d'une longueur extravagante ou des têtes énormes sur des formes ramassées.

Les figures des retables, des chapiteaux et autres motifs à ornements ne pêchent pas moins par la construction. Beaucoup sont piètrement adaptées à leur entourage comme celles du chœur de Saint-Nazaire de Carcassonne plaquées, dans un isolement complet, contre le mur, ou comme celles du cloître de Saint-Trophime d'Arles rassemblées en trop grand nombre. D'autres, comme celles des *Légendes* de saint Eustache et de saint Benoît (Cluny), sont si mal ordonnées que leur valeur expressive s'en trouve diminuée.

Sauf quelques exceptions, tels le *Christ apparaissant à la Madeleine* qui, de Saint-Denis est passé au Louvre, le *Christ apparaissant à saint Pierre* (clôture du chœur de Notre-Dame de Paris), le Saint Jacques et le très curieux Saint Paul du musée de Toulouse, les bien vivants Charles V et Jeanne de Bourbon du Louvre, la *Passion*, retable de Saint-Denis (Cluny), et certaines figures tombales du collège de Beauvais et de l'abbaye du Pont-aux-Dames, du Louvre, de Saint-Denis et de Cluny, les meilleures images de pierre, surtout dans le dernier tiers du siècle, sont l'œuvre de flamands.

En effet, tandis que la sculpture s'affaiblissait en France, elle se fortifiait en Flandre, et les artistes de ce pays gagnaient un tel renom de gloire que beaucoup d'entre eux étaient, au temps de Charles V, appelés à la cour et auprès des ducs de Bourgogne. C'est sous leur influence tôt manifeste et sans danger, grâce aux liens de parenté artistique qui existaient alors entre les deux nations, que les Français se reprendront à observer la nature. A cette école par excellence, leur goût s'épurera de nouveau, mais c'est seulement dans la seconde moitié du xvᵉ siècle que la suprématie leur reviendra.

De tous les flamands qui travaillèrent en France, le plus célèbre est André Beauneveu, de Valenciennes, venu à Paris en 1364 et mort au début du xvᵉ siècle. Il fut l' « ymager » aimé de Charles V, puis le « maistre des œuvres de taille et de peinture » du duc Jean de Berry. Plusieurs tombeaux de Saint-Denis furent exécutés sous sa direction. Et peut-être lui doit-on les sept figures monumentales qui décorent le contrefort septentrional de la façade de la cathédrale d'Amiens (1).

La décoration des chapiteaux et autres motifs fut cherchée, au xivᵉ siècle, avec une certaine préciosité. Les sculptures des parties basses du chœur de Notre-Dame de Paris, où se découpe un curieux mascaron, et celles du soubassement du portail des Libraires (Rouen) sont loin de la belle simplicité des décors antérieurs. En voulant donner de l'élégance aux contextures, on ne réussit le plus souvent qu'à tourmenter les lignes, à rendre les formes grêles, comme aux ornementations des chapiteaux du chœur de l'église d'Evron, de la nef et de la porte latérale sud (frise) de la cathédrale de Nevers. Maints sculpteurs affectèrent de conserver aux feuillages leur aspect naturel (chapiteaux du chœur de Saint-Nazaire et de l'église de Boulogne-sur-Seine), mais ils n'en composèrent pas mieux leurs motifs. De même, ceux qui reproduisirent l'animal sacrifièrent trop volontiers le souci de l'arrangement à celui de l'imitation des réalités sensibles. Ce sont de véritables portraits, presque des moulages, que le renard et le singe

(1) On lui attribue aussi plusieurs effigies de gisants, dont celle de Philippe VI (Louvre) et celle de Charles V (Saint-Denis). Beauneveu était peintre autant que sculpteur. De son œuvre d'enlumineur, il ne reste que quelques miniatures. La plus authentique paraît être celle qui représente un apôtre sur le psautier du duc de Berry (Biblioth. natˡᵉ). Parmi les autres flamands, il faut citer Pépin de Huy, auteur du Robert d'Artois de Saint-Denis, et Jean de Liège, dont aucun vestige n'est reconnaissable. Un des disciples de Beauneveu, Jean de Cambrai, eut une grande réputation au xvᵉ siècle. Il a taillé la Sainte Vierge très caractérisée de l'église de Marcoussis et la statue funéraire du duc de Berry (crypte de la cath. de Bourges).

(oh l'étonnant bonhomme de singe !) du chœur de Saint-Nazaire, et ils détonnent où ils se trouvent, ne se reliant pas au décor. Ailleurs, quelques silhouettes d'animaux traitées en bas-relief s'unissent suffisamment aux délinéations, mais l'ensemble laisse à désirer. C'est le cas du soubassement du portail des *Libraires* qu'agrémente une agréable faune chimérique.

Les peintres du mur continuèrent les traditions de leurs aînés sans chercher à faire mieux. Pour les motifs à personnages, ils s'inspiraient des enluminures de manuscrits et il semble même qu'ils se soient contentés parfois d'en copier les figures et de les agrandir sur la paroi.

Pour les motifs d'ornementation, ils ne sortaient guère des semis et des délinéations géométriques. On voit quelques vestiges de scènes ou de figures aux *Jacobins* de Toulouse et dans les églises de Tournus (Saône-et-Loire), de Bazouges-sur-Loire (Sarthe), de Cunault (Maine-et-Loire), de l'ancienne Chartreuse de Sainte-Croix-en-Jarez (Velay), de Kermaria (Côtes-du-Nord). En ce dernier lieu, sur la voûte, les *vertus* triomphent des *vices* dans une composition au dessin primitif. Moins rudimentaires, les peintures des *Jacobins*, — figures de saints au-dessus de la porte d'entrée et scènes tirées de l'Apocalypse sur les murs et les voûtes, — ont le charme des œuvres du XIIIe siècle.

D'autres peintures fort curieuses, peuvent être regardées comme du XIVe siècle, car elles en portent l'empreinte. Ce sont : la *Sainte Vierge et l'Enfant entre deux Anges* (chœur de l'église de Chamalières (Haute-Loire), et plusieurs scènes très expressives de la vie du Baptiste (ancienne Chartreuse de Villeneuve-lès-Avignon). De tels ouvrages font amèrement regretter la perte de compositions comme celles du monastère des Carmes de la place Maubert (Paris) et du couvent des Cordelières de Lourcine (1).

Quant aux peintures du Palais des Papes à Avignon, nous n'avons pas à en parler ici, même de celles qui

_____

(1) Quatorze détrempes de ce couvent représentaient la vie de saint Louis.

furent exécutées dans les chapelles de la tour Saint-Jean ; ces ouvrages ne doivent pas être négligés, mais ils relèvent de l'art italien.

A côté de l'imagerie murale exécutée dans un but décoratif autant que religieux, on commença de placer d'autres détrempes ou des tableaux réalisés en manière de pieuse reconnaissance, d'ex-voto. La cathédrale de Clermont possède trois images de ce genre. Dans l'une, — Sainte Vierge et Enfant avec Anges et un ecclésiastique agenouillé, — l'auteur a procédé en portraitiste fidèle, mais il avait des modèles communs et son dessin était grossier. Il en est résulté un ensemble triste et lourd qu'alourdit encore une dominante bleu foncé. La seconde, peinte au-dessus de l'huis de la sacristie, — une Vierge Mère qu'entourent des anges, — présente, par contre, un heureux alliage de naturalisme et de recueillement. Quant à la troisième, simple figure orante, elle vaut par son exécution. La cathédrale de Bayeux, possède aussi, dans sa crypte, une composition votive, d'ailleurs barbare : Vierge-Mère, un prêtre et saint Michel. Sans doute, peut-on regarder comme un tableau de même ordre : *le Martyre de saint Denis* (Louvre). Ses personnages, très impressionnants, malgré leur archaïsme, se recommandent par leur caractère expressif et réellement français.

D'autres ouvrages, comme la très parlante *Vierge-Mère* (à M. Aynard) et le *Christ mort soutenu par le Père Eternel* (Louvre), ont été peints probablement dans un but de pure édification. L'auteur du second motif a fait de louables efforts pour arriver au dramatique par le naturel ; malheureusement ses figures sont d'une vulgarité choquante.

Quelques peintures furent exécutées sur soie, telle la grisaille qui servit de parement d'autel à la cathédrale de Narbonne et que le Louvre a recueillie. C'est une composition assez vaste divisée en compartiments. Le *Crucifiement* en occupe le centre avec, d'un côté, Charles V et, de l'autre, la reine Jeanne, tous deux en oraison. A gauche, se déroulent : *Le baiser de Judas, la flagellation, le portement de Croix* ; à droite : *la mise au tombeau, la descente de Jésus aux enfers, l'apparition à la Madeleine*. Les motifs manquent d'harmonie, mais les figures sont significatives à souhait et d'un travail original.

Il y eut encore un genre de peinture allégorique dont on usa largement pour rappeler aux humains la vanité des richesses d'ici-bas et la nécessité de se préparer à la vie future, nous voulons parler des fameuses *danses des morts*. Leur thème se prêtait à de très divers développements, expressifs autant que décoratifs, et quelques peintres y ajoutaient même force détails comiques. Des vestiges d'un de ces motifs macabres subsistent à Kermaria, mais ils s'effacent lamentablement. Peut-être sont-ils du xve siècle ; en tout cas leurs personnages ressemblent fort aux enluminures du xive.

Presque partout où il y avait des parois à décorer luxueusement, on préférait la tapisserie à la peinture murale. Absorbant les rayons lumineux, les pièces en haute lisse font, déjà par leurs seules colorations, un excellent effet décoratif et rayonnent un certain charme mystérieux qui devait séduire l'âme médiévale. A partir de la fin du xiiie siècle, les ateliers de tapisserie du centre et du nord prirent une importance considérable et, moins de cinquante ans après, leurs produits pénétraient, comme tentures et portières, dans les moindres châteaux. Paris et Arras s'opposaient, dans le dernier tiers du xive siècle, des haute-lissiers fameux. Ceux de la capitale, entre autres Nicolas Bataille et Jacques Dourdin qui collaborèrent, quoique rivaux, à la *Joûte de Saint Denis* commandée par Charles VI, réalisèrent des ouvrages de rare valeur. Mais les Artésiens, parmi lesquels Michel Bernard, remportèrent des succès dans un rayon plus étendu, à cause, sans doute, de l'excellence de leur tissu et de leur teinture.

Il ne reste que très peu de tapisseries du xive siècle, et la plus célèbre, l'*Apocalypse* de la cathédrale d'Angers, a perdu son intégralité. Elle se composait à l'origine de sept pièces hautes de 5 mètres et larges de 24 environ, tissées en laines polychromes sur chaînes de laine blanche. Sur chacune d'elles, un personnage, assis dans une niche, méditait sur l'œuvre mystique du solitaire de Pathmos, et deux séries de sept tableaux superposés représentaient, celles de la partie supérieure, des Anges silhouettés sur un ciel étoilé, celles de l'inférieure, des plantes fleuries et des animaux sur fond rouge. Jean Bandolf de Bruges, le peintre de Charles V, en traça les cartons, ce qui explique le caractère flamand des figures (1). Nicolas Bataille commença l'exécution de cet important travail en 1376 ; mais il mourut dans les premières années du siècle suivant, et ce n'est qu'en 1490 que la première pièce fut achevée. L'ensemble devait être imposant et d'une harmonie exquise, à en juger d'après les parties parvenues jusqu'à nous (2).

Les dessinateurs de cartons pour vitraux travaillèrent à rendre leurs figures plus vivantes, ce qui ne les empêcha pas de mésuser des disproportions et des contours étriqués ou contournés.

D'autre part, les verriers, ayant enrichi leur palette de jaunes de sel d'argent, s'efforcèrent d'obtenir des colorations éclatantes. Toutefois ils pratiquèrent aussi la grisaille avec une évidente dilection. La plus vieille des grisailles à figure que le temps et les hommes aient respectée orne la cathédrale de Chartres ; celle de Limoges en abrite deux autres où se détachent les images de sainte Valère et de saint Maxime. Les cathédrales de Lyon, de Beauvais, d'Evreux, de Carcassonne, de Narbonne, de Châlons-sur-Marne ont quelques vitraux assez typiques de l'époque qui nous occupe ; et l'on en relève d'autres dans les églises de Saint-Nazaire à Carcassonne, de Saint-Urbain à Troyes, de Semur, de Saint-Père à Chartres et dans la chapelle Saint-Piat (même ville). Dans la première, c'est une rose dont les feuillages et les lignes s'entrelacent en une agréable

---

(1) Ces motifs furent tracés d'après les miniatures d'une *Apocalypse* du duc de Berry qui prêta ce manuscrit à Louis d'Anjou, frère de Charles V. Ces miniatures très typiques datent de la fin du XIIᵉ siècle, mais elles sont les copies d'originaux très anciens. Cf. le travail de M. Maxence Petit dans le *Moyen Age*, mars 1896.

(2) Les sujets de tapisserie étaient souvent aussi tirés de l'histoire, des romans de chevalerie, alors en pleine vogue, ou empruntés à la vie seigneuriale. Enfin l'on s'ingéniait à figurer les vertus et les vices, l'arbre de la vie, la fontaine de Jouvence, les sept complexions ou tempéraments.

délinéation ; dans les suivantes, ce sont des verrières imagées. Les figures de Saint-Urbain sont profilées avec un réalisme féroce ; celles de Saint-Piat s'enlèvent sur un fond bleu réticulé et fleurdelisé, système de damasquinage assez souvent employé pour obtenir des jeux de lumière et d'ombre.

Dans la décoration des manuscrits, le sujet historié prévalut définitivement sur la lettre ornée ; les *illuminatores* de la fin du siècle, en appropriant le décor aux personnages, agrémentèrent enfin les livres de véritables scènes. Les *Heures* de Jeanne de Navarre en offrent de caractéristiques. Quant à la manière d'interpréter les thèmes religieux, elle ne varia guère (1) ; on s'en rend compte par les miniatures de la *Bible* en français (Biblioth. nat^{le}), de la *Légende dorée* (id.), de la *Vie de saint Denis* (id.), du *Bréviaire des F.Prêcheurs* (id.), des *Missels* de la Bibliothèque Mazarine, des *Poésies* consacrées à Notre-Dame par Gautier de Coinci (Bibliothèque du séminaire de Soissons) (2). Mais c'est seulement à l'âge suivant que les peintres sur vélin perdront tout à fait la raideur ancestrale.

Dans l'orfèvrerie, toujours très active, de superbes pièces furent réalisées, dont le *reliquaire* en cristal à monture filigranée de l'église Saint-Michel de Limoges, la *châsse de saint Fursy* en argent doré de l'église de Gueschart (Somme), le *reliquaire de saint Vivien* en cuivre repoussé de l'église de Brugères (Seine-et-Oise), la *Sainte Vierge* en argent doré (3) offerte en 1339 à l'Abbaye de Saint-Denis par Jeanne d'Evreux, veuve de Charles le Bel, et maintenant au Louvre (galerie d'Apollon), les *chefs reliquaires* du trésor de Conques.

Les émailleurs n'avaient rien perdu comme exécutants, mais ils se livraient à une production commerciale effrénée. Quoique très prospères, les ateliers de

(1) Une des rares nouveautés en cet ordre se trouve dans le *Missel français* du Trésor de Saint-Jean (Lyon). L'étoile de son *Adoration des Mages* s'orne d'une tête d'ange.

(2) C'était un chanoine de Saint-Médard de Soissons. On peut lire ses *Miracles de Notre-Dame* et voir les reproductions de leurs miniatures dans l'édition Poquet, Paris, 1857.

(3) On a tout lieu d'attribuer cette œuvre à quelque atelier parisien.

Limoges en restaient aux mêmes modèles et reproduisaient encore des motifs romans. Toutefois les vrais artistes ne manquèrent à aucun moment, et les noms de plusieurs d'entre eux nous ont été transmis par les œuvres. Une pièce d'orfèvrerie en cuivre ornée d'émaux, *le chef de saint Ferréol* (église de Nexon, Haute-Vienne), porte avec la date de 1346, la signature d'Aimeri Chrétien. Celle de Pierre Vidal se lit, ainsi que la date de 1378, sur le *reliquaire* d'or de Saint-Martial de Limoges. Les musées, les trésors d'église et les collections particulières renferment un assez grand nombre d'ouvrages émaillés de travail limousin : ciboires, pyxides (boîtes cylindriques à couvercle conique), encensoirs, navettes à encens, burettes, boîtes aux saintes huiles, crosses, flambeaux, châsses. Plus rares sont les bustes ou chefs des saints et les colombes que l'on suspendait au-dessus des autels. Un spécimen de ces dernières occupe sa place appropriée dans l'église de Laguenne (Corrèze) ; et l'on peut voir dans la même région, à Soudeilles, un remarquable *chef* de saint Martin, aux plaques d'argent embellies d'émaux translucides.

L'emploi de l'émail translucide ou mieux transparent sur relief, l'emporta définitivement sur le système du cloisonnage (1). Après de longues hésitations, de laborieuses recherches, les orfèvres étaient parvenus, dans la seconde moitié du siècle, à émailler des figures et des scènes entières. Et comme ils donnaient à leur pâte colorée la transparence du verre, comme ils savaient lui préparer pour lits des creux de différentes profondeurs, ils obtinrent de curieux effets de lumière polychrome.

D'excellents exemples de ce genre d'émail agrémentent la base de la *Sainte Vierge* de Saint-Denis signalée plus haut. Les figures de cette décoration se détachent sur un fond d'émail ; une autre pièce, peut-être de même provenance et non moins précieuse, présente,

_____

(1) Ce procédé fut employé en Italie en même temps qu'en France, sinon plus tôt. Auquel de ces deux pays faut-il en attribuer la découverte ? On l'ignore. Peut-être fut-il inventé vers la même époque par les émailleurs de l'un et de l'autre côté des Alpes.

au contraire, des figures émaillées enlevées sur fond
d'or bruni ou gravé au pointillé. C'est une coupe d'or
(propriété de M. Jérôme Pichon), qu'historient à l'intérieur comme à l'extérieur des scènes inspirées par la
vie de Sainte Agnès.

Les ouvrages d'ivoire eurent un succès ininterrompu
pendant tout le siècle et l'on rechercha particulièrement
les divers « tableaux *cloants* », diptyques et tétraptyques,
qui faisaient un si bon effet aux murs (1). En vue de
les rendre plus décoratifs, les imagiers recouvraient volontiers de teintes le fond de ces tableaux et même
certaines parties des personnages, déjà rehaussés d'or.
D'autre part, ces ivoires présentaient l'avantage, en
un temps où les voyages étaient longs et peu commodes,
d'être aisément transportables. On pouvait les emporter
dans ses bagages entre un reliquaire et un manuscrit
précieux. Ceci explique beaucoup leur succès et l'on
comprend de reste qu'ils aient inspiré l'idée des retables portatifs, assemblages ingénieux de menues
plaques d'ivoire et d'or dans un encadrement. Les
« tableaux cloants » représentaient toujours des scènes
pieuses ; le Louvre et Cluny en ont de charmants, le
musée de Lyon en possède un, dont les volets sont peints ;
un autre, où sourit entre deux anges la Reine du Ciel,
fait partie de la collection Oppenheim. Praticiens mi-
nutieux et patients, les ivoiriers devaient se laisser
aller aux procédés difficiles et aux bizarreries d'exécution. Certains imaginèrent des statuettes s'ouvrant
par le milieu pour exhiber, soit des reliques, soit des
bas-reliefs.

Les sculpteurs en bois conquirent aussi la faveur du
public, et plus d'un artiste réputé, tel Girard d'Orléans,
peintre et sculpteur du roi Jean, ne dédaigna point
d'en façonner. Quelques statuettes sorties des ateliers
de l'Ile-de-France se distinguent par leur caractère
expressif. Une mignonne Sainte Vierge de la collection
Ed. André caresse l'Enfant d'un joli geste. Une autre
Vierge-Mère (Union centrale des arts décoratifs)
charme par sa piété comme par son naturel.

_____

(1) On sait que Jehan Lebraellier, orfèvre de Charles V, fit pour
ce roi « deux grans beaulx tableaulx d'yvoire des troys Maries ».

Les artistes en broderie continuèrent de compter parmi les meilleurs décorateurs. Quelques parements d'autels furent brodés en soie avec une grâce infinie, tels celui de l'église Saint-Bertrand de Comminges et celui au point couché du musée Saint-Raymond de Toulouse. Des aumônières, des chasubles, des chapes reçurent des broderies non moins exquises. Les aumônières en velours aux personnages brodés de soie de la cathédrale de Troyes et la chape historiée par la *Passion,* que l'on conserve au susdit Saint-Bertrand, méritent de ne pas être oubliées.

Certains ouvrages de métal n'étaient pas travaillés avec moins de sollicitude que les fines sculptures et les décors d'étoffes. Entre tous, il convient de retenir les bénitiers en cuivre de la cathédrale de Sens.

Plusieurs noms des artistes du xivᵉ siècle nous sont parvenus, mais il s'en faut que l'on puisse discerner ceux de leurs ouvrages qui n'ont pas disparu. On suppose que les motifs du chœur de Notre-Dame de Paris sont l'œuvre de Maître Le Bouteiller. On en est réduit aux conjectures quant aux figures attribuables aux statuaires Jean d'Arras et Gui de Dammartin. Et, s'il en reste quelqu'une de Jean de Saint-Romain, rien ne permet de la reconnaître.

Enfin, singulière ironie, on ne possède aucune chose des peintres dont les archives nous ont transmis les noms : Evrard et Girard d'Orléans, Jean Coste et Jean de Montmartre l'enlumineur (1), Jean de Saint-Omer et Jean d'Orléans.

---

(1) Ces deux Jean et Girard furent les artistes préférés de Jean le Bon ; on n'en saurait inférer que l'un d'eux soit l'auteur du très intéressant portrait de ce prince que possède aujourd'hui le Louvre.

CHAPITRE IV

Le XVe siècle.

Sculpture, peinture murale et enluminure.

En sculpture, l'artiste par excellence de la période de transition qui s'étend de la fin du xive siècle au milieu du xve, c'est Claus Sluter.

Par malheur, on connaît mal la vie de ce maître que l'on a tout lieu de croire batave mais qui, très probablement, acheva sa formation artistique en France. Et l'on ne sait que peu de chose sur son œuvre (1). En 1395, Philippe le Hardi l'avait chargé d'élever un puits décoré de statues dans la Chartreuse de Champmol, aux portes de Dijon. En 1399, il acheva les figures du couronnement : *Le Christ, la Sainte Vierge, saint Jean, sainte Madeleine,* et les six *anges,* qui supportent le calvaire (2). En 1402, il livra trois des figures du soubassement : *Moïse, David* et *Jérémie,* et exécuta les trois autres, *Zacharie, Daniel* et *Isaïe,* dans les trois années qui suivirent. On lui doit aussi deux des *pleurants* du tombeau de Philippe le Hardi auquel il n'eut pas le temps de travailler, car la mort le surprit au début de 1406 (3). Dans tous ces travaux, il avait été très activement aidé par son neveu, Claus de Werve. Peut-être Sluter a-t-il aussi taillé les figures du portail de l'église des Chartreux : ~~la Sainte Vierge~~, *Marguerite de Flandre, Philippe le Hardi* présentés par *saint Jean-Baptiste* et *sainte Catherine* (1391-1396 ou 1397). On peut raisonnablement les lui attribuer. En tout cas, avec le *Puits des Prophètes,* il a un titre de gloire plus que suffisant. Les statues subsistantes

(1) Cf. le remarquable livre de M. Kleinclausz : *Claus Sluter et la sculpture bourguignonne au XVe siècle,* dans la collection : « Les Maîtres de l'art ».

(2) Des figures de ce calvaire, il ne reste que de lamentables fragments ; le seul qui ait de l'importance, le torse du très expressif Christ, est au musée de Dijon.

(3) C'est Jean de Marville qui fit le plan de ce magnifique tombeau (aujourd'hui au Musée de Dijon et qui en éleva l'architecture. Après la mort de Sluter, Claus de Werve en exécuta les sculptures.

de cet ensemble, et surtout celle de Moïse, s'imposent à l'attention des moins initiés : elles sont construites et drapées avec une recherche analytique qui n'exclut point l'ampleur, campées avec une simplicité et une gravité saisissantes, et leurs faces, admirablement expressives, reflètent chacune un caractère moral. Ce ne sont que des portraits, mais on n'avait pas encore, sur notre sol, écrit des physionomies avec un art aussi complet. Cette œuvre présente à la fois la dernière phase de l'art médiéval et la première de l'art moderne.

L'influence de Sluter fut considérable, mais elle se confondit avec celle des Flamands de Bourgogne et d'ailleurs, tant il y avait d'affinités entre eux et lui (1). On peut donc soutenir sans crainte que l'art français dut, en grande partie, sa régénérescence à l'art flamand, qui, d'ailleurs, lui devait son impulsion. Régénérescence toute plastique, remarquons-le bien. Le sens de la convenance monumentale resta faible chez les mieux doués de nos sculpteurs. C'est à rendre une figure décorative par les dispositions de ses seules lignes, l'équilibre de sa posture, la silhouette de son ensemble, que s'appliquent alors les statuaires. Ils ne modèlent rien, groupe ou personnage isolé, qui ne forme une œuvre valant par elle-même. Les figures peintes et dorées de l'arcature du chœur de la cathédrale d'Amiens et celles du *Tombeau de Philippe Pot* (Louvre) en fournissent autant d'exemples. Chacune d'elles est une statue. Cela va bien pour les figures isolées. Mais dès que l'on en présente plusieurs dans un même motif, leur réunion ne constitue point une œuvre décorative. Aussi le tombeau de Philippe Pot, si fort impressionnant, n'est-il qu'expressif. Tout l'intérêt réside dans les personnages, émouvants et vivants, quoique perdus sous d'amples manteaux qui les enveloppent et les encapuchonnent.

(1) Le magnifique foyer d'art qui s'était développé en Bourgogne pendant la seconde moitié du xivᵉ siècle garda son intensité jusqu'en 1477. L'œuvre la plus importante de la fin de cette période est, après le tombeau de Philippe le Hardi, dont il donne d'ailleurs une répétition, celui de Jean sans Peur et de Marguerite de Bourgogne (musée de Dijon). L'Aragonais Jean de la Huerta en~~~~~~~les travaux de sculpture qu'acheva, en 1469, Antoine le Moiturier d'Avignon, élève du Lyonnais Jacques Morel.

Quant aux statues votives de personnages vivants, aux figures tombales et aux têtes des différents motifs de décoration, elles furent exécutées avec un ardent désir de vérité qui primait tout (1).

Le maître dont les œuvres comptent parmi les plus belles manifestations de l'art fin XVᵉ siècle, Michel Colombe (2), procéda, lui aussi, d'après les principes indiqués plus haut et ne contribua pas peu à faire de la sculpture un art indépendant. Ses deux figures du tombeau de François II (transept sud de la cath. de Nantes) sont des statues qui ne perdraient rien, au contraire, transportées sur quelque piédestal.

Le bas-relief provenant du château de Gaillon, *Saint Georges tuant le monstre*, conserve un intérêt dramatique au mur du Louvre, car c'est un tableau. Il montre deux scènes dans un décor à la perspective soignée et les derniers plans en ont été travaillés comme ceux d'un ouvrage destiné à être vu de près. Les statues du tombeau de François II sont des images de *la Force* et de *la Prudence* (3) ; mais c'est uniquement à cause de leur beauté qu'on les attribue, ainsi que l'un des anges voisins, à Michel Colombe. On ne sait rien de précis sur sa collaboration à cette sépulture, élevée sur les plans et sous la direction suprême de Jean Perréal. Peut-être faut-il considérer aussi comme de Colombe la *Sainte Vierge* dite *d'Olivet* (Louvre), un peu bourgeoise, mais délicieusement réalisée, et la sta-

(1) Ce sont de bons morceaux de sculpture que les statues de Charles Iᵉʳ, duc de Bourbon et d'Auvergne, et d'Agnès de Bourgogne (Souvigny), œuvre de Jacques Morel de Lyon ; que les effigies de Jean de Berry et de Jeanne de Boulogne (cath. de Bourges), d'Olivier de Clisson et de Marguerite de Rohan (égl. de Josselin, Morbihan) ; c'est un dessin éloquent dans sa concision que l'image de Gilles Mallet (égl. de Soisy-sous-Etiolles) : et ce sont des portraits que les têtes de culot du transept de la cathédrale d'Amiens.

(2) Colombe, que l'on croit originaire de Bretagne, s'établit à Tours en 1470.

(3) Quatre figures ornent les angles de ce tombeau ; on ignore l'auteur des deux autres, la *Justice* et la *Tempérance*. On ne connaît pas davantage celui des figures du duc et de sa femme étendues sur le sarcophage, ni celui des trente-deux statuettes, dont la théorie se profile sur un double rang au pourtour du monument. Par contre, on sait les noms des Italiens qui sculptèrent les arabesques du sarcophage. Leurs compatriotes étaient alors nombreux en France dans maintes branches des arts décoratifs.

tue de Roberte Legendre (*id.*) étendue sur sa tombe, les mains jointes avec une insigne piété. Ce seraient les seuls vestiges des nombreux travaux du maître (1). Le saint chevalier et la jeune fille du bas-relief de Gaillon (1508) disent sa délicate vision, son élégante facture et ses dons d'idéalisateur ; *la Force* et *la Prudence* (entre 1502 et 1507), construites avec autant de noblesse que de solidité, le montrent préoccupé de proportions harmonieuses. Comme tous les grands artistes, il ne dédaignait point de créer de modestes ouvrages ; on lui doit le modèle de la médaille qui commémore l'entrée de Louis XII à Tours et le dessin d'une armure destinée à la représentation d'un *Mystère* (2).

Quelques autres sculptures, de valeur inégale, mais toutes dignes d'attention, achèvent de révéler, sous ses faces diverses, notre art du xvᵉ siècle. Ce sont : la *Sainte Vierge* du portail de Notre-Dame de Montbrison, la *Sainte Vierge* et *sainte Anne* de La Bénisson-Dieu, près de Roanne, le groupe de *Sainte Anne, Marie et l'Enfant* et la *Sainte Barbe* de Grezolles (Forez), la *Sainte Vierge*, très sincèrement paysanne, de l'église de l'Hôpital-sous-Roche (3) ; le

(1) Un bas-relief, où il avait représenté Louis XI sauvé par saint Michel de la fureur d'un sanglier, fut détruit par les protestants en 1569 ; d'autres vandales, sous la Révolution, brisèrent un retable qu'il avait historié d'une *Mort de la Sainte Vierge* et dont le marbre était rehaussé d'or et d'azur (égl. Saint-Saturnin, à Tours).

Quant à la très remarquable *Mise au Sépulcre* de l'ancienne abbaye de Solesmes, que plusieurs ont regardée comme pouvant être du maître, il ressort de la récente découverte de M. F. de Mély qu'elle est l'œuvre de deux artistes italiens: Vasordj et Faberti. (*Cf. Gazette des Beaux-Arts*, octobre 1906). La plupart des personnages en sont fort expressifs mais vulgaires ; seul, le Christ présente un caractère religieux.

(2) La gravure en médaille, on ne le sait pas assez, se développa de ce côté-ci des Alpes en même temps qu'en Italie. D'assez bonne heure aussi, nous eûmes de bons sigillographes. Le sceau du couvent des Célestins de Lyon (musée de cette ville) en est une preuve. Il y eut enfin toute une imagerie sur plomb. Du xiiiᵉ siècle au xviᵉ, les *méreaux* dont usaient les corporations ouvrières furent ornés des images de leurs saints protecteurs. On voit au musée de Cluny une collection typique de ces jetons. Cf. Forgeais, *Plombs historiés*.

(3) Cette dernière statue est en bois, et, jadis, des teintes diverses l'animaient ; un ton de blanc l'enveloppe aujourd'hui d'un linceul. Elle reste néanmoins charmante et permet, mieux que les précédentes, de se faire une idée de la manière des artistes foréziens au xvᵉ siècle.

Saint-Sépulcre, aux figures encore barbares, mais fort dramatiques, d'une chapelle domestique de Saint-Sauveur, près de Saint-Etienne, l'expressive *Mise au tombeau* de Saint-Jean-au-Marché de Troyes, le retable de la cathédrale d'Aix-en-Provence où Marie, sa sainte Mère et son divin Fils apparaissent entre saint Maurice et sainte Marthe, assemblage peu décoratif de personnages bien vivants (1); le remarquable *Christ* de bronze appliqué sur la croix qui se dresse dans le hameau d'Albieu (Loire) (2), l'*Angelot* en cuivre repoussé, que Jean Barbet, de Lyon, exécuta, vers 1475, pour une tour du château de Lude (Sarthe) (3), le *saint Michel,* élégant chevalier au visage affiné (à M. S. Bardac, Paris), *la Sainte Femme*, figurine albâtre du Louvre, et trois statuettes du musée de Lyon : une *Vierge-Mère*, en albâtre rehaussé d'or, un *abbé de Labussière à genoux*, marbre de l'école bourguignonne, un *pleurant*, en albâtre de Salins, de même provenance.

Au cours du xv⁰ siècle, les décorateurs ordonnèrent leurs motifs avec un plus juste sentiment de l'équilibre et, s'ils continuèrent de ciseler leurs végétations à l'excès, ce fut du moins en s'efforçant de les rendre ornementales. Ils se plurent à mêler les fruits aux feuilles, à joindre le raisin à la vigne, le gland au chêne, mais ils se gardèrent sagement de l'exécution en trompe-l'œil. Choisissant de préférence les plantes aux formes accidentées, le houx, le houblon, le chardon, la chicorée, les algues marines, ils déchiquetaient avec style les contours de leurs feuilles et disposaient celles-ci en vue d'effets vraiment décoratifs. Ce sont d'excellents jeux linéaires que dessinent sur les chapiteaux la vigne et le chou frisé dans la cathédrale de Meaux, le cresson à Notre-Dame de Paris, la vigne et le chêne dans l'église de Montreuil-sous-bois, la vigne et le raisin dans celle de Châtillon-lez-Bagneux, le chardon et sa fleur dans celle de Clamart, la citrouille et son fruit dans celle de

(1) Sainte Marthe se tient avec beaucoup de dévotion. Une très amusante tarasque gît à ses pieds.

(2) On a tout lieu de supposer qu'il provient d'une croix processionnelle.

(3) Aujourd'hui aux Etats-Unis d'Amérique.

Vitry. C'est une délicate parure que le chardon assoupli en frise dans la chapelle St-Louis de la cathédrale de Lyon.

L'art de composer les animaux symboliques et fantastiques ne s'était pas perdu. On exécuta d'originales gargouilles, — Saint-Ouen en possède encore une, — de parfaits symboles évangéliques, — tel le *bœuf de saint Luc* du Louvre (école bourguignonne), — et quelques monstres d'aspect curieux. Certain griffon de l'une des façades du château de Pierrefonds porte diverses parties d'un chevalier dont le pied chaussé du brodequin de fer lui sert de base. C'est l'image fort plastique d'une âme corrompue par les vices.

Les autres motifs furent arrangés avec non moins de bonheur que ceux des chapiteaux. Dans l'église de Saint-Ouen, les ornements du pinacle (face latérale), des culots des piliers de la nef et surtout ceux de la frise intérieure charment par leur dessin large et simple, leur souplesse, et, disons-le, leur vie. Dans la cathédrale d'Amiens, l'arcature du chœur, et, dans celle de Rouen, l'escalier de la bibliothèque présentent une savoureuse ornementation (1). Toutefois, la plupart des ornemanistes persistant à confondre la prolixité avec l'éloquence, et à jouer des détails pour affirmer leur dextérité, il y eut encore, surtout pendant la période du flamboyant, force décors adornés avec plus de profusion que de goût, tels ceux du portail de la cathédrale d'Alençon et du chœur de l'abbaye du Mont Saint-Michel. Ce fut le règne des broderies et des fioritures de pierre.

Les peintres muraux réalisèrent de grands progrès au point de vue technique ; mais, comme les sculpteurs, emportés par le désir de rendre leur art indépendant, ils ne se préoccupaient plus assez de relier leurs figures à l'architecture. Les personnages de la *Circoncision* de Notre-Dame de Dijon (bas-côté nord), les saints Augustin et Ambroise de Saint-Sauveur à Caen dégagent beaucoup de vie, et par là rachètent leurs défectuosités de structure.

(1) L'ornementation de cet escalier est due aux sculpteurs Desvignes et Chennevière.

Ce sont de vrais portraits que les figures, vigoureusement écrites, de la *procession du pape Grégoire* (cath. d'Autun, chapelle dite de Cluny) ; les membres du clergé que l'on y voit près du pape ont un type bourguignon très sensible. Et ce sont aussi des effigies traduites « au vif », mais avec une recherche évidente de style, que le donateur et la donatrice agenouillés près de leurs saints patrons dans Notre-Dame de Dijon ; que les *Anges* silhouettés sur la voûte de la chapelle de Jacques Cœur à Bourges et ceux qui animent la chapelle Saint-Antoine aux Jacobins de Toulouse. Et ces diverses réalisations portent une empreinte franchement française. On relève encore un souci de portraiture dans les fragments de décors qui subsistent dans Notre-Dame du Tertre à Châtelaudren (Côtes-du-Nord),dans la crypte de l'église de Saint-Bonnet-le-Château (Loire) et dans l'église d'Azay-le-Rideau. Les premiers, qu'encadrent des arcatures très surbaissées, font un intéressant effet d'ensemble, mais les personnages y sont vulgaires. Ceux de Saint-Bonnet, quoique très archaïques, ne laissent pas d'impressionner, surtout dans la *Crucifixion*.

En 1481, la maison de Domremy où naquit Jeanne d'Arc avait été décorée de motifs glorifiant les « gestes » de la sainte pastoure ; hélas « l'orage », comme dit Montaigne, qui visita cette demeure, en corrompit très vite la peinture (1).

La célèbre *danse des morts* peinte à Paris sous le cloître du charnier des Innocents n'existe plus depuis longtemps. Mais d'autres rondes macabres ont laissé quelques traces dans les églises de Josselin (Finistère), de Saint-Valérien à Châteaudun, où chaque groupe se profile dans une architecture peinte, et surtout à la Chaise-Dieu (Haute-Loire).

Vers le milieu du siècle, la miniature est transformée en tableau par les enlumineurs devenus vraiment portraitistes et paysagistes. Le plus grand d'entre eux, Jean Fouquet, compte d'ailleurs parmi nos grands peintres de tableaux ; aussi lui consacrons-nous une étude particulière au chapitre suivant.

(1) *Journal de voyage de Michel Montaigne*, L, p. 17.

Dès le début du siècle, les miniatures avaient été travaillées avec le souci de tout représenter, gens et choses, avec sincérité et parfois avec minutie. C'est ce qui caractérise une œuvre à moitié flamande dont l'effet fut considérable chez nous : les enluminures créées par Pol de Limbourg et ses frères pour les *Très Riches Heures* du duc de Berry (1). C'est ce qui frappe dans le *Calvaire* du Missel de Saint-Magloire (Biblioth. de l'Arsenal). Les diverses miniatures exécutées dans la suite procèdent toutes du même esprit. On le constate par les compositions des *Miracles de Notre-Dame*, que le comte Durrieu attribue à Philippe de Mazerolles, par celles de *la Cité de Dieu*, qui sont d'un certain François, celles de la *Légende dorée*, où figurent Charles VIII et Anne de Bretagne, celles des *Heures* de Ferdinand roi de Naples et des *Heures* de Charles VIII, celles des *Heures* de Jacques Cœur, dont l'auteur est peut-être Jean Colombe de Bourges (2). Enfin le veneur exhibé en tête du *Traité de la chasse* de Gaston Phébus se recommande par une physionomie notée trait pour trait avec autant de conscience que les effigies du sire de Laval (*Heures* de ce prince), de Louis II et de René d'Anjou (*Heures* dites du roi René) (3). Incontestablement ce désir de figuration fidèle était dû en grande partie aux Flamands. Mais si l'influence flamande était excellente pour ramener nos artistes au respect du naturel, elle ne pouvait rien pour éveiller et développer en eux le sentiment de l'harmonie. Expressifs puissants, les Germaniques sont en général de piètres ordonnateurs. Ce sentiment de l'harmonie, il appartenait à Fouquet de le réveiller chez nous.

(1) Cette œuvre inestimable enrichit maintenant la Bibliothèque du musée Condé. On attribue à Jean Colombe, de Bourges, les miniatures qui y ont été exécutées en dernier lieu. En tout cas, même sans cette collaboration, l'œuvre n'en serait pas moins à moitié française, Pol de Limbourg et ses frères ayant été formés presque entièrement à Paris.

(2) Ces dernières *Heures* sont à la Bibliothèque de Munich ; les autres manuscrits appartiennent à la Bibliothèque nationale.

(3) Ces *Heures* sont à la Bibliothèque nationale; le *Traité de la chasse* est à la Mazarine.

CHAPITRE CINQUIÈME

Jean Fouquet.

Ses miniatures et ses peintures.

L'admirable artiste débuta très probablement comme peintre de figures, et ses dons de portraitiste se manifestèrent aussitôt. On comprend qu'il ait donné des visages si remarquablement expressifs à ses personnages quand il se mit à décorer des manuscrits. Ainsi que la plupart de ses confrères, il fut formé selon la méthode des Flandres. A l'époque où il étudiait, les miniaturistes avaient réalisé de notables progrès. Maîtres de leurs procédés, ils s'efforçaient, contrairement à leurs prédécesseurs directs, d'être naturels. Si les formes de leurs personnages, quoique mieux construites, restaient défectueuses, leurs têtes prenaient plus de vie. Quelques-uns travaillaient à reproduire, dans leur caractère, des sites agrestes et des vues de cités, d'autres des portraits. Enfin, des motifs à figures, les plus forts, faisaient de vraies scènes. Présentés, non plus dans l'encadrement d'une initiale et comme une de ses parties intégrantes, mais en décors particuliers, ces motifs participaient à la fois du tableau et de l'illustration. C'est ce qui rend si féconde l'étude approfondie de nos enlumineurs ; leurs ouvrages n'apprennent pas seulement beaucoup au point de vue décoratif, ils disent aussi la genèse de la peinture de tableau, ils font comprendre comment elle s'est formée.

On manque de renseignements sur les premiers travaux de Fouquet, mais il est certain qu'au commencement des années 1440, sa personnalité se manifestait par des œuvres. En effet, vers 1443, le jeune maître (il était né à Tours entre 1410 et 1415), qui venait de portraire Charles VII, peignit, au cours d'un voyage en Italie, le pape Eugène IV. Et cette peinture, aujourd'hui disparue (1), impressionna vivement à

(1) Elle orna pendant longtemps le trésor de la Minerve, on suppose qu'elle a péri lors de la reconstruction de la sacristie de cette église.

Rome où les portraits ressemblants n'abondaient pas encore.

Quoique possédant très bien ses moyens d'expression quand il se rendit en Italie, Fouquet était assez jeune pour subir quelque influence. Il avait pu voir à Florence, et dans plusieurs autres cités sur son itinéraire, maintes œuvres de maîtres illustres et d'artistes charmeurs, maintes miniatures, dont les meilleures peut-être de Fra Lorenzo Monaco et de Fra Giovanni. Lorsqu'il traversa la patrie du Dante, les fresques de Masaccio étaient achevées et Filippo Lippi venait de livrer aux religieuses de San Ambrogio un de ses plus typiques *Incoronazioni*. Lorsqu'il arriva dans la Ville Éternelle, Gentile da Fabriano travaillait encore à cette décoration de Saint-Jean de Latran qui, par malheur, n'existe plus, mais dont on sait la beauté par Roger van der Weyden. Au milieu des années 1440, Ghiberti, Donatello, Gentile, Pisanello, Fra Giovanni, Paolo Uccello, Andrea del Castagno, Lippi se trouvaient à leur apogée, Piero della Francesca et Benozzo Gozzoli débutaient. Fouquet ne pouvait rester indifférent devant toutes les merveilles qu'il lui était donné de contempler, mais son émotion esthétique n'affaiblit point sa personnalité. Vigoureux artiste, il rendit hommage à l'art italien sans devenir son tributaire ; il en respira l'atmosphère, — tout art en dégage une à laquelle sont fort sensibles les artistes, — il en contempla les séductions sans rien perdre de son caractère de race.

A l'époque où il séjourna en Italie, les très divers artistes de ce pays se passionnaient également pour l'étude de la nature ; les plus stylisateurs, les plus enthousiastes de l'antique comme les plus soucieux de signes individuels, se faisaient un devoir d'interpréter en respectueux de la réalité les corps vivants et les autres reliefs. Ce respect de la vérité, Fouquet l'avait aussi, et au plus haut point ; c'est même par la notation des détails qu'il se rattachait aux Flamands. Mais avant de franchir les monts, avait-il le sentiment de l'harmonie très développé ? C'est peu probable. En tout cas, il dut s'affiner et prendre des leçons de composition rien qu'en étudiant les ouvrages florentins. A la vue des fresques ordonnées avec tact, son sens de l'ordre, s'il sommeillait encore, s'éveilla certainement. Ce fut le principal avantage qu'il retira de son séjour sur la terre de l'Angelico. Il connaissait la beauté sous tous ses aspects quand il revint en France, il avait une idée juste du maniement des lignes, de l'ordonnance des groupes et de la stylisation des formes. Son écriture plastique des types, des costumes et des décors allait y gagner en souplesse. Quant à sa manière de peindre, elle ne s'italianisa pas davantage que son mode de construire ; les enluminures qu'il eut l'occasion de voir rendirent peut-être son œil plus délicat, plus sensible aux nuances, mais il était trop sensé et trop conscient de son originalité pour adopter le procédé d'un autre artiste. Comme tous les vrais maîtres, il s'assimilait ce qu'il prenait autour de lui ; on le constate aisément par l'emploi qu'il fit de l'or bruni, son seul emprunt peut-être aux enlumineurs du duc de Berri.

Le portrait que laissait à Rome notre Tourangeau avait eu le plus franc succès (1). On ne l'admirait pas seulement pour sa réalisation *artiste*, mais aussi pour ses qualités purement picturales ; car il était à l'huile et sur toile, ce qui ne se voyait guère alors au delà des Flandres (2). En Italie, nul ne mania les pigments à l'huile d'une manière sortable avant Antonello da Messine ; or, son premier tableau daté — *Le Christ bénissant* de la *National Gallery* — est de 1465. Le Perugino n'apprit ce procédé, du peintre messinois lui-même, que bien plus tard, lors de son voyage à Venise. Quand

_____

(1) On en parlait encore cent ans après. Vasari cite notre peintre avec éloges.

(2) En général, on peignait à l'huile ou à l'œuf sur bois et à la détrempe sur toiles enduites de plâtre. Les recherches de M. Dalbon (*Les origines de la peinture à l'huile*) établissent que l'on a peint au XIII° siècle (au moins en Angleterre) et au XIV° (surtout en Artois et en Flandre) avec des couleurs broyées à l'huile, en usant d'un procédé différent de celui que les Van Eyck devaient rendre à jamais célèbre. Diverses pièces le prouvent, entre autres un contrat de 1320 extrait des comptes de l'Hôtel d'Artois et une ordonnance signée en 1356 par le duc de Normandie. Peut-être les *peintures à l'oile* antérieures au XV° siècle étaient-elles des détrempes dont on reprenait quelques parties à l'huile. En tout cas, ce que l'on peut tenir pour certain, c'est que d'assez nombreux peintres contribuèrent à constituer le procédé que perfectionnèrent les Van Eyck, peut-être par l'adjonction d'un médium oléorésineux et d'un siccatif.

Fouquet regagna sa bonne ville de Tours, en 1447, — l'année où naquit Botticelli, — Antonello et Le Perugino étaient encore au berceau.

A quel moment Fouquet entra-t-il en relations avec Mᵉ Etienne Chevalier ? On l'ignore. Le premier travail qu'il effectua pour cet esprit délicat et très amoureux d'art (1) est ce diptyque jadis à Melun, dont une partie (*la Vierge-Mère entourée d'anges*) se trouve aujourd'hui au musée d'Anvers et l'autre (*Chevalier présenté par saint Etienne*) au musée de Berlin. La Sainte Vierge, qui reproduit les traits d'Agnès Sorel, et l'Enfant Jésus ont une structure médiocre ; par contre, Chevalier et son saint patron sont d'excellentes figures aux types individuels caractérisés à souhait. Cet ouvrage, peint sur bois, date de 1450 environ, et peut-être son volet de gauche a-t-il été fait en 1449. C'est peu après — en 1452 ou 1455 — que notre artiste, alors dans la plénitude de son talent, aurait commencé, croit-on, la décoration des fameuses *Heures* (2).

Emportés par le désir de rendre leur art indépendant, les décorateurs du manuscrit comme ceux du mur ne se préoccupaient presque plus de relier les figures avec goût, d'assurer l'accord des vides et des pleins. Fouquet, au contraire, appliqua très intelligemment, dans presque tous ses motifs, les principes de composition sans lesquels une scène ne saurait être un décor. Il ne se contenta point d'établir ses personnages, selon leur réalité, de les montrer tout à leur action, il les disposa en groupes équilibrés, il les arrangea de manière à ce qu'ils produisissent un effet d'ensemble.

Les deux premiers motifs de la suite des *Heures* forment une seule composition : on y voit Chevalier dans un oratoire, vénérant, près de saint Etienne, la Reine des anges et des hommes. Les figures principales se tiennent avec aisance et se rattachent à leur entourage sans le moindre hiatus de lignes. L'enfant tète

(1) Etienne Chevalier fut notaire et secrétaire de Charles VII, puis maître des comptes, trésorier de France, ambassadeur et contrôleur général des finances. Il conserva ses fonctions sous Louis XI et mourut en 1474.

(2) Quarante miniatures — sur quarante-quatre que comprenait cette décoration — sont au musée Condé, à Chantilly.

avec beaucoup de conviction. Le chœur angélique est agréablement assemblé. Le manteau de la Sainte Vierge enchante par le jeu de ses plis très décorativement rythmés. L'alliance de bleu et d'or qui pare cette draperie et l'alliance de même nature qui met le fond en concordance avec le premier plan suffiraient pour prouver que Fouquet était un harmoniste des mieux doués. Et l'architecture de l'oratoire, en grande partie imaginée, indique péremptoirement qu'il avait l'esprit inventif.

Le *Mariage de la Vierge,* où se groupent, avec une heureuse simplicité, les époux et le pontife, vaut surtout par la réalisation des personnages. C'est une série de portraits tout à fait dignes d'étude. Un certain gros bonhomme, au type réjouissant, ne s'oublie pas plus, dès qu'on l'a vu, que les effigies d'Holbein ou celles de Frans Hals. Mais lui faut-il exhiber un visage spiritualisé, Fouquet n'est plus à l'aise. Ou ce prodigieux interprète de caractères individuels ne sut pas découvrir des personnes à expression vraiment religieuse, ou il n'y en avait pas dans son ambiance et il ne chercha pas ailleurs. L'ange qui se profile dans l'*Annonciation* a des traits vulgaires et l'air triste ; par contre, son attitude proclame sa piété. Observateur intelligent, notre artiste excelle à exprimer les sentiments par les gestes, les mouvements et les pauses. Dans la *Visitation,* Marie et Elisabeth s'embrassent avec un exquis naturel qui ne laisse aucun doute sur leur affection réciproque. La soubrette à la mine éveillée, debout non loin d'elles, et les *mangeant des yeux,* est délicieusement vraie ; son maintien, comme son regard, trahit sa curiosité. On a l'impression d'une scène intime prise sur le vif dans quelque domaine rural de Touraine. *La Naissance de saint Jean Baptiste,* avec son assemblée de matrones et ses deux servantes qui collaborent à la toilette du nouveau-né donne aussi de savoureuses sensations de choses vues. Ce logis si familial de Zacharie et d'Elisabeth dégage une quiétude qu'accentue la blancheur du grand rideau de lit — blancheur du beau linge idéalement lessivé et séché selon la tradition de nos mères.

Les bergers qui se prosternent devant le Sauveur, dans un coin de village aussi campagnard que pittoresque sont fâcheusement disséminés. Par contre, les personnages de l'*Adoration des Mages* se relient sans dissonance. Et le groupe que forment à droite le mage agenouillé (c'est Charles VII), la sainte Mère et le divin Enfant dessine une élégante arabesque. Le fond, mouvementé d'une manière verveuse, a l'attrait d'une ébauche bien venue. Au repas chez Simon le pharisien, c'est une Magdeleine, fort expressive par sa posture pénitente et très décorative, en son costume blanc modelé d'or, qui s'impose d'abord à l'attention. On remarque ensuite le grave Simon, extraordinairement comique dans son indignation bourgeoise, et Judas, déjà ignominieux avec son masque ingrat et son geste théâtral. La *Cène* offre un arrangement moins réussi et les tonalités ne compensent point la monotonie que causent les poses des convives. Les costumes bleus sont en trop grand nombre dans la salle. Et ce fond est d'un gris neutre affligeant. Mais toutes les autres miniatures, sauf celles du *saint Thomas enseignant* et de la *Toussaint*, présentent des scènes bien ordonnées, des groupements bien équilibrés (1).

La foule s'agite et ondule selon un rythme très exact dans l'*arrestation du Christ*, motif très remarquable aussi par son effet nocturne finement traduit par des gris délicats. L'harmonie des tonalités vaut celle de la structure dans *Jésus devant Pilate*, page des mieux venues. On peut dire du procurateur romain et des deux pontifes, aux postures et aux mines éloquentes, qu'ils sont une excellente reconstitution *psychologique*. Très caractérisés également les deux ouvriers qui préparent la croix dans le bas de la composition. Il en faut dire autant du forgeron à tournure de bonne femme qui achève les clous destinés au crucifiement et du soldat qui ramasse un des ces accessoires dans la partie inférieure du *Portement de la croix*. Cette

(1) Ce qui nuit à la *Toussaint*, c'est qu'elle est formée de trois motifs superposés que rien ne relie. Toutefois les personnages du groupe inférieur sont bien arrangés, quoique très rapprochés les uns des autres. Parmi ces derniers, se tiennent, à gauche, Étienne Chevalier, à droite, sa femme Catherine Budé.

phase de la marche au Calvaire a tout pour impressionner. La *Crucifixion*, sans effets de drame, atteint au pathétique par l'humanité de ses détails. La *Descente de croix*, habilement divisée en trois groupes, n'est pas moins émouvante, grâce à Marie, admirable d'amour maternel dans l'attitude qui lui fait tendre les bras en avant pour recevoir le corps de son Fils. Dans *Jésus mort sur les genoux de la Vierge*, motif au paysage grandiose, la figure qui retient le regard, c'est la Magdeleine, dont le manteau stylisé sans lourdeur ni sécheresse ne fait pas peu valoir l'expression. Très significatifs aussi les fidèles qui assistent pieusement à la *Mise au tombeau* dans un site délectable ; l'un des plus recueillis, l'homme vêtu de noir, absorbé dans sa prière, à droite, n'est autre qu'Etienne Chevalier.

L'Ascension se recommande par son Christ, majestueux et doux dans sa robe aux longs plis d'un bel orangé grave, par sa Vierge et son saint Pierre aux draperies eurythmiques. Dans la *Pentecôte*, la Reine des Apôtres, vêtue encore d'un costume gracieux et noble, préside le cénacle avec beaucoup de dignité. Aux murs de la salle, des revêtements de marbre blanc dégagent de la suavité entre les nuances environnantes. *La Mission des Apôtres* frappe par un arrangement de personnages en hémicycle, bon exemple de difficulté vaincue. Saint Paul sur le chemin de Damas s'affaisse dans le plus réel des effrois, et le cavalier de droite le considère avec une stupéfaction bien sincère. Le saint Etienne, que lapident deux bourreaux parés de gaies colorations, rachète sa laideur banale par son attitude de renoncement. Une foule curieuse et cruelle forme le cercle autour de ce martyre comme si elle assistait à quelque spectacle de la rue. Un décor idyllique met une vigoureuse antithèse à cette scène de sauvagerie. Dans le bas, près d'un motif ornemental, sourit, — autre contraste, tracé comme une *remarque* de graveur, — un petit bouquet de fleurs gentiment travaillées.

La composition suivante charme par la simplicité de sa structure et le discret accord de ses tonalités, parmi lesquelles l'œil caresse surtout les bleus-gris des

revêtements, le vert suave du baldaquin, la sienne naturelle dorée de la charpente apparente. L'Ange qui
mande à la sainte Vierge qu'elle ne tardera pas à
entrer dans le royaume du Christ est silhouetté très
intelligemment, et ses ailes, d'un cadmium chargé de
roux quelque peu velouté, sont décoratives dans la
perfection. Marie avec son visage vieilli, accuse plus
de vie intérieure que dans les pages précédentes (1). La
scène de sa mort est alourdie par les chœurs des Célicoles ; mais ses funérailles ont donné lieu à un
ensemble satisfaisant, où l'on savoure quelques rap-
prochements tout à fait réussis de rouge et de vert,
d'outremer et d'or. *L'Assomption* ne laisserait pas
d'enchanter si la Sainte Vierge n'y montrait une physionomie assez maussade pour contredire sa pieuse attitude. On ne saurait trop le regretter, cette figure étant
de celles dont la draperie ravit. Le *Couronnement*,
un peu froid, ne manque pas de grandeur et les trois
divines Hypostases s'y profilent avec une certaine
noblesse, vêtues de robes blanches exquisement
modelées en bleu (2). Le Christ et sa bienheureuse
Mère, ineffablement orante, dessinent un groupe
imposant et touchant.

Job et ses amis sont précisés le mieux du monde et
le ciel qui éclaire ce tableau si plein de vraie vie est d'une
rare luminosité. Celui de la *Décollation de Saint
Jacques le Majeur*, nuancé avec un tact infini, met en
valeur l'harmonie sobre que constituent les tonalités
des personnages et du décor. Fouquet fut peut-être le
seul peintre de son temps qui ait pensé à *dégrader* les
teintes de façon à représenter avec vraisemblance les
effets de perspective aérienne. En tout cas, ses *Heures*
sont les seules œuvres peintes du xvᵉ siècle où l'on
trouve des *dégradations* pertinemment observées, artistement réalisées. Il y en a dans le ciel et l'eau du

(1) Sauf dans la *Visitation*, elle a, en général, une expression
faciale sans rayonnement.

(2) Les trois adorables Personnes de la Sainte Trinité sont repré-
sentées sous les traits du Verbe incarné, mais ce n'est point une
invention de Fouquet. Les enlumineurs du moyen âge employèrent
ce mode de figuration. Un manuscrit du xiiᵉ siècle en fournit un
exemple notable. Cf. Didron, *Monographie chrétienne* p. 541, fig. 137.

riant paysage qui figure Pathmos et où médite l'évangéliste Jean ; dans le site aux fières montagnes du *Martyre de saint Pierre*, et dans celui du *Martyre de saint André*, au bas duquel s'étend une eau obtenue par un curieux assemblage de tons fragmentés. *Le Martyre de saint Pierre* enchante aussi les yeux par une orchestration de teintes, où dominent des jaunes grisâtres qu'un soupçon d'or enveloppe de mystère ; et il captive l'esprit par ses types de guerriers. Deux surtout, au premier plan de gauche, requièrent l'étude de l'observateur.

D'attachantes collections de portraits, nous en trouvons encore dans le *Martyre de sainte Catherine d'Alexandrie*, où la bienheureuse exprime l'abandon chrétien avec une grâce infinie, dans le *Martyre de sainte Apolline*, dont le caractère tragique est corroboré par des carmins et des verts lugubres (1), dans *Saint Hilaire présidant un concile*, l'*Intronisation de Saint Nicolas* (2), *Saint Thomas enseignant*, *Les funérailles* où les personnages composent un seul groupe compact mais établi *en mesure*. L'ordonnance des auditeurs de *saint Thomas* laisse à désirer, nous l'avons dit plus haut ; toutefois on arrive à l'oublier en contemplant les tonalités. Le noir des costumes est ingénieusement modifié par une série de traits d'or, et l'ensemble apparaît comme une fine harmonie en gris et bleu. Dans les *Funérailles*, — dont il faut louer le style opulent et austère, — le noir et l'or concourent à un effet fort affectif ; et le ton de dorure sombre étendu sur l'un des assistants qui tient le drap du cercueil laisse une sensation étrange (3).

L'Intronisation de la Sainte Vierge atteint presque au grandiose. En haut du motif, la Reine du ciel, réellement ariste et symboliquement vêtue d'un blanc lilial, trône dans une cathèdre.

(1) Ce motif reproduit une représentation de mystère avec les spectateurs au fond du théâtre.

(2) Il convient de signaler, dans ce motif, un personnage recouvert d'une chape au beau ton de chair ambrée qui se dresse au premier plan de droite magnifiquement drapé et très décoratif.

(3) Chevalier fit peindre son chiffre sur les écussons des porteurs de torches et sur le drap funéraire ; ainsi cette scène, tout en illustrant l'office des morts, symbolise son propre enterrement.

Les divines hypostases se détachent sur un fond citrin très lumineux, et tout autour se déploient les chœurs des Anges, les uns teintés d'un gris doré subtil, les autres d'azur ensoleillé et de vermillon orangé. Au premier plan, une foule d'élus arrangés avec goût. Quelques tonalités ont de la fadeur, mais beaucoup d'autres — parmi lesquelles des rougeurs atténuées et certaine combinaison d'émeraude et de topaze cendrées — sont délicieuses. Grâce à celles-ci, et tous les bleus étant assagis, l'harmonie de ce motif est ravissante et très fresque.

Selon le système consacré par l'usage, Fouquet a revêtu ses personnages historiques des costumes de son propre temps, et il a choisi de préférence ses décors dans la Touraine et l'Ile-de-France. C'est chez de braves Tourangeaux, ses contemporains, qu'il situe la naissance du Précurseur et la visite du Christ chez Simon. C'est dans quelque village de son terroir qu'il fait adorer le divin Enfant par les bergers et les mages. L'un de ces derniers, on l'a vu, est figuré par Charles VII. Le roi accuse cinquante-cinq ans environ (1) ; vêtu d'un pourpoint vert soyeux brodé de fourrures, d'un haut de chausses du plus léger carmin, les jambes recouvertes de longues bottes noires à revers fauves, il se tient à genoux sur un coussin de velours bleu fleurdelisé. Derrière lui, sont rangés des guerriers aux casques de fer poli qu'égayent des aigrettes aux royales couleurs : vert, blanc et rose. C'est la garde écossaise.

Très souvent le maître a placé, d'une très agréable sorte, dans ses fonds, les monuments et les coins de villes qu'il avait observés dans ses voyages. C'est ainsi que Notre-Dame de Paris se profile dans la *Cène* et dans le *Christ mort*, que le palais du roi et sa Sainte-Chapelle dressent leurs pittoresques contours dans le fort beau décor du *Portement de la Croix*. Les Apôtres

(1) Il a donc été portraituré ainsi quelques années avant sa mort (1461). On ne sait si Fouquet fut un de ses peintres attitrés ; jusqu'à ce jour aucun document ne l'a prouvé. Et l'on n'est pas mieux fixé sur les rapports du grand artiste avec Louis XI qui l'appréciait fort. Fouquet passa la plus grande partie de son existence laborieuse à Tours, mais cette ville était, au xvᵉ siècle, une sorte de capitale de la cour.

reçoivent la mission d'évangéliser le monde devant une
vue d'Italie. Le chemin de Damas où Saul est ébloui
traverse une banlieue qu'adorne le coquet hôtel Saint-
Paul. Jacques le Majeur et son compagnon gagnent la
couronne du martyre non loin d'une cité à l'horizon de
laquelle verdoient des collines tourangelles. Job s'entre-
tient avec les cheiks près du donjon de Vincennes. Il
semble que Pierre soit crucifié dans la campagne
romaine et André aux environs de Loches (1). Pour
sainte Catherine, pas de doute possible ; c'est dans les
parages de Montfaucon qu'elle attend le supplice qui
lui ouvrira l'éternité bienheureuse. Le célèbre gibet
apparaît à gauche de la composition, dont la droite
montre le donjon du Temple (2).

Les funérailles de Chevalier s'accomplissent à l'intérieur du cloître des Innocents, d'où l'on découvre
l'église de ce nom, le Châtelet et une tour qui pourrait
être sœur du Palazzo Vecchio de Florence. Fouquet,
on le voit, excellait à tirer parti de ses notes et de ses
souvenirs de voyage.

Enfin, toutes les fois qu'il a dû représenter quelque
intérieur d'édifice, il s'est inspiré de ceux qu'il connaissait et dont il avait sans doute dessiné des parties.
Les arcs triomphaux du temple dans lequel a lieu le
Mariage de la Vierge appartiennent à la Rome im-
périale, ses bas-reliefs viennent de la colonne Trajane,
ses colonnes torses ont été prises à la Confession de
Saint-Pierre. La salle où Marie écoute le message de
l'Ange rappelle la Sainte-Chapelle de saint Louis. Le
sanctuaire du *Couronnement* a le type architectonique
usité en Italie au milieu du *quattrocento*, saint Hilaire
préside un concile dans une sorte de chapelle papale.
Saint Thomas enseigne sous des voûtes à croisée d'o-
gives relevées dans quelque monastère.

Quand Fouquet commença les Heures de Chevalier,
il était déjà très connu ; lorsqu'il eut achevé cette

(1) Ce point serait fixé si l'on parvenait à identifier le château qui
s'élève dans le site.

(2) Montfaucon se trouvait au delà du faubourg Saint-Martin et du
faubourg du Temple.

œuvre — après six ou huit années de labeur — il entra vraiment dans la gloire (1). En 1477, un de ses admirateurs, Francesco Florio, florentin de belle culture qui s'était fixé à Tours, écrivait à l'un de ses amis : « Ce Fouquet a le pouvoir de donner aux visages la vie avec son pinceau et d'imiter presque Prométhée lui-même (2). » Assurément tout n'est pas irréprochable dans ses compositions, on a pu le constater. Cela n'empêche point que la plupart ne soient très dignes d'admiration.

Comme tous les artistes de son temps, le maître tourangeau manquait d'études anatomiques, et il ne paraît point qu'il y ait suppléé en copiant des antiques. Mais les corps dénudés sont en si petit nombre dans son œuvre ! Et les autres figures à proportions douteuses rachètent si bien leur défectuosité par une valeur expressive des plus rares !

Fouquet mérite sans conteste l'une des places cardinales parmi les meilleurs interprètes de caractère moral, les révélateurs d'âmes, et parmi les bons constructeurs de scènes. Ses qualités lui permirent d'assurer à presque tous ses arrangements une contexture décorative tout en leur conservant une vie intense, et de *naturaliser* des motifs comme *la Visitation*; *la Naissance du Baptiste*, *l'Adoration des Mages*, sans tomber dans le tableau de genre. Les détails familiers, écrits sans excès et maintenus à leur place, abondent dans la suite des *Heures* (3). En scrutant ces pages si variées, on arrive à y découvrir l'embryon de l'art de Nicolas Poussin et maints éléments de l'art de François Guiguet.

Comme réalisateur de formes, comme interprète de l'humanité et de la nature, Fouquet est incontestable-

---

(1) Longtemps après sa mort, arrivée vers 1481 à Tours, deux poètes au moins le louent encore : Pélegrin en 1501 et Jean Lemaire en 1509 dans sa *Couronne Margaritique*.

(2) *Archives de l'art français*, t. IV (1855), p. 168.

(3) Un exemple typique entre plusieurs. Dans la *Visitation*, on voit au fond une servante qui puise de l'eau, et, près d'elle, un enfant qui bâille aux corneilles. C'est une seconde scène, mais si bien reléguée à son plan qu'on ne l'aperçoit pas tout de suite. En animant le fond à gauche, elle équilibre la composition.

ment un artiste supérieur ; vigoureuse et nuancée, son écriture plastique achève de rendre délectables ses présentations, en langage xve siècle, des sujets empruntés aux deux Testaments et aux actes des saints. Comme peintre, il appartient à la famille des coloristes à vision subtile et sensibles aux jeux de la lumière. On a vu qu'il obtint souvent d'une manière charmeuse des effets sobres et fins, des accords de nuances et même des dégradations de teintes. On peut dire que celles du *Martyre de saint Pierre* donnent au décor autant de poésie que de vérité (1). Aucun moderne n'a fait mieux dans le genre.

Riche de dons, Fouquet qui excellait à noter des tonalités rompues, diaphanes comme le vert pâle si doux, si mélancolique, étalé dans le fond du *Saint Jacques*, Fouquet sut réaliser avec autant de bonheur des tons de gouache puissants et somptueux, comme ceux des pigments broyés à l'huile. D'autre part, il joua des bleus — tons excessivement difficiles à manier — avec autant de succès que l'Angelico, et plus diversement. Et il employa les ors — auxiliaires dangereux — avec une incomparable virtuosité ; les obligeant en quelque sorte à créer, par des hachures, un véritable mélange optique. Cette action des hachures, il est particulièrement utile de l'étudier dans les deux premiers motifs, dans l'*Adoration des Mages, les Funérailles de la Sainte Vierge, Saint Jean à Pathmos*, où elle allie des carmins et des outremers, dans *Saint Paul sur le chemin de Damas*, qu'elle enveloppe d'une poussière de soleil. Le maître cherchait la concordance des colorations avec autant de sollicitude que l'équilibre des lignes et des formes. Ses meilleures harmonies de tonalités ont une émerveillante beauté et elles sont évocatrices comme des poèmes.

Les *Heures* de Chevalier sont également loin du maniérisme des *Heures* de Jeanne de Navarre et du naturalisme, lourd, tatillon, prosaïque, des *Heures* dites de René d'Anjou. Par leurs harmonies visibles comme

_____

(1) Ces dégradations, comme la plupart des autres, ont été obtenues à l'aquarelle, procédé que le maître combinait avec celui de la gouache.

par le mystère qu'elles dégagent, par leur art religieux et humain, elles constituent bien un chef-d'œuvre.

Au début du xvɪɪɪᵉ siècle, ceux qui possédaient ce vénérable livre en vendirent les enluminures. Quarante pièces échouèrent à Bâle chez un marchand de curiosités où, vers 1805, un jurisconsulte de Francfort-sur-le-Mein, M. G. Brentano-Laroche, en fit l'acquisition. Il les céda plus tard au duc d'Aumale qui, noblement — qu'il en soit à jamais loué — les rendit à la France. Des quatre miniatures qui complétaient la série, trois seulement sont à Paris : l'une à la Bibliothèque nationale, les deux autres au Louvre. La quatrième est au British Museum. La miniature de la Bibliothèque nationale représente la *Parenté de la sainte Vierge* ou *Sainte Anne et les trois Maries;* quatre figures de femmes, dont la mieux venue est celle de la Mère du Sauveur, et deux groupes d'enfants s'y détachent sur un riant décor paré de quelques monuments. Les enluminures du Louvre montrent, l'une *saint Martin et le pauvre,* l'autre (simple fragment) *Olibrius rencontrant sainte Marguerite d'Antioche.* Martin, très Louis XI, chevauchant avec une suite princière, secourt le pauvre au coin d'un quai, près duquel on a cru reconnaître le Petit Châtelet. Marguerite, pure bachelette de chez nous, se tient avec ses compagnes dans une prairie qui semble prise aux environs de Paris. Sur la composition du British Museum, David, armé comme un chevalier, prie dans un paysage que l'on peut croire fait de chic. Autour de lui, des démons rôdent au milieu de cadavres ; au fond se massent des guerriers, tout en haut apparaît Dieu le Père.

Les *Heures* de Chevalier sont d'autant plus précieuses qu'elles ont bien pour auteur Jean Fouquet lui-même. On le sait pertinemment. Or les œuvres authentiques du maître sont vite énumérées. Avec les motifs du musée Condé, on ne peut guère citer, parmi les miniatures, que le frontispice des *Cas des nobles hommes et femmes* (le lit de justice où fut condamné Jean d'Alençon), vers la fin de 1458 (1), et celui des *Statuts de l'ordre*

(1) Les autres miniatures de ce livre de Boccace, aujourd'hui à la Bibliothèque de Munich, sont considérées comme l'ouvrage de ses

de Saint-Michel (Louis XI tenant un chapitre de l'ordre, Bibliothèque nationale) ; et, parmi les peintures, le diptyque de Melun, la propre effigie de notre artiste en émail camaïeu sur argent (vers 1450, Louvre), le *Charles VII* (vers 1445) et le Jouvenel des Ursins (vers 1460) du même musée, le jeune inconnu (1470) de la collection Liechtenstein, Vienne. Peut-être est-il aussi l'auteur du Christ mélancolique peint sur vélin vers 1450 (au comte Durrieu, Paris), des quatre motifs provenant d'une *Histoire ancienne* que possède M. Yates Thompson (Londres) ; de quelques scènes *des antiquités judaïques* (Biblioth. nationale), et des *Grandes chroniques de France* (id.) (2) ; mais rien ne permet encore de se prononcer à ce sujet.

Il faut regarder Fouquet comme notre premier grand peintre. Il n'est pas seulement le décorateur de manuscrits par excellence, il compte parmi les initiateurs de la peinture de tableaux par les scènes mêmes de ses *Heures*. Elles enseignent si bien que tout décor à figures, quelle que soit sa destination, doit offrir des groupes vivants, et que toute composition, quel que soit son format, doit présenter une contexture harmonieuse ! Enfin ces scènes — œuvre éminemment française par son esprit non moins que par son style — montrent aux intelligents comment un artiste original se rattache à la tradition nationale. Si tous nos peintres du xvie siècle ne sacrifièrent pas à l'italianisme et si certaines victimes de cette épidémie conservèrent quelque chose de notre race, c'est beaucoup grâce au rayonnement du maître tourangeau.

élèves. On leur attribue également quelques miniatures des *Décades* de Tite Live traduites en français par Berchèvre (Biblioth. nationale) et celles du livre d'*Heures* exécuté en 1475 pour Macé ou Michel Prestesaille, clerc et bourgeois de Tours (ibid.).

(2) Ce sont les onze miniatures finales et la lettre initiale du t. I des *Antiquités* traduites par Josèphe qu'il est licite d'attribuer à Fouquet ou à ses élèves. La scène qui représente les tribus d'Israël emmenées en captivité par Salmanazar offre des groupes expressifs et un ensemble bien vivant. Le paysage en est décoratif et presque grandiose. Ces décorations sont probablement postérieures à 1470.

CHAPITRE SIXIÈME

Le XVᵉ siècle.

*Tableaux, vitraux, tapisseries, broderies,
ouvrages d'orfèvrerie, statuettes, etc.*

Dans la seconde moitié du siècle, Bourdichon, Jean
Perréal et Nicolas Froment d'Avignon contribuèrent
pour une large part à l'extension de la peinture
de tableau. Il ne reste aucun tableau du premier,
aucun ouvrage authentique du second ; par bonheur,
on possède, du troisième, la *Résurrection de Lazare*
(Uffizi, Florence), le *Buisson ardent* (cathédrale d'Aix
en Provence) et le *Saint évêque Siffrein* (grand sémi-
noire d'Avignon). Cet attachant portrait dégage une
très chrétienne bonté. Les deux autres œuvres sont
des triptyques construits et tracés avec une énergie
savoureuse. Leurs personnages ont des physionomies
et des postures naturellement significatives. Quoique
influencé par Van Eyck, surtout au point de vue pic-
tural, Froment est français par son dessin des formes,
et ajoutons français du xivᵉ siècle plutôt que du xvᵉ
par son sentiment de l'ordonnance assez peu développé. Son originalité se manifeste par une écriture
des types individuels allant quelquefois jusqu'à la bru-
talité implacable, comme dans la *Résurrection* (1).

Il avait aussi une personnalité d'artiste, l'inconnu
qui peignit, vers la fin du siècle, le triptyque conservé
dans la cathédrale de Moulins (*la Reine du Ciel dans
la gloire, Annonciation, figures de donateurs et de
saints*), la *Nativité*, si bourbonnaise, de l'évêché d'Autun, la *dame présentée par sainte Madeleine* (Louvre).
C'étaient également des artistes originaux que l'auteur
(peut-être le limousin P. Villate) de l'attendrissante *Pieta*
qui, de l'Exposition de nos Primitifs passa au Louvre,
que le Laonnais Enguerrand Charonton, dont le délicieux *couronnement de Marie* (1453) embellit l'Hospice
de Villeneuve-lez-Avignon. Les figures de leurs scènes
ne manquent, certes, ni de souplesse, ni de vie. Et il

(1) Œuvre datée et signée de 1461. On peut lui attribuer les portraits
du roi René et de la reine Jeanne (Louvre).

faut en dire autant des membres de la famille Jouvenel des Ursins assemblés, en des poses de prière, sur un tableau maintenant au Louvre, par un caractériste à la manière bien française.

D'autres ouvrages de peintres régionaux, tous dignes d'attention, contribuent à faire comprendre l'évolution de notre art : *La Sainte Vierge protectrice*, détrempe à l'harmonie austère (vers 1420, Musée du Puy) ; *la Mise au tombeau* (sacristie de la cathédrale du Puy) ; *l'extase du B. Pierre de Luxembourg* (vers 1440), toute rayonnante de piété (musée Calmet, Avignon) ; *la Descente de croix* où se dresse l'ancienne abbaye de Saint-Germain-des-Prés (vers 1490, Louvre) ; les bien vivants *Saint Bernardin de Sienne, Sainte Catherine et Saint Louis de Toulouse* (à M. G. Schlumberger Paris ; l'« *avoué chevalier* », *protégé par saint Victor* (musée de Glasgow) ; *Sainte Catherine et un évêque* (Musée d'Avignon) ; la très éloquente *mort de la Sainte Vierge* (Musée de Lyon), le *Couronnement* (ibid.) ; le *Crucifiement*, aux figures enlevées sur fond d'or par un primitif attardé (Cour d'appel de Rouen, salle du Conseil).

Les toiles qui servaient aux représentations des *Mystères* étaient peintes quelquefois par de vrais artistes. Quand les Tourangeaux eurent décidé de jouer un *Mystère* pour célébrer l'arrivée d'Anne de Bretagne dans leur ville, ce fut à des célébrités locales, à Jean Payet et à Henri Lallement, que l'on confia l'exécution des décors (1).

Plusieurs peintres du xv° siècle ne nous sont connus, comme Jehan Perréal, que par leurs noms.

Aucune œuvre subsistante ne saurait être attribuée à Colart de Laon, à François d'Orléans, en faveur sous Charles VI, à Jean de Maisoncelle, qui peignit en 1436 une *Danse des Morts* dans la Sainte-Chapelle de Dijon, à Henri Mellein de Bourges, à Barthélemy de Clerc, auquel René d'Anjou acheta un saint Michel, à Olivier Chiffelin d'Angers, qui décora, en 1487, la Cha-

_____

(1) Quelques toiles peintes du musée de Reims — qui semblent être des cartons de tapisserie — ont pu servir à des représentations de *Mystère*.

pelle du château de Dreux, à Jean de Cormont, auquel Anne de Bretagne commanda une sainte Vierge vers 1492. Chose navrante, il est plus facile, chez nous, de se faire une idée exacte des écoles de peinture italiennes et flamandes des années 1400 que des travaux de nos peintres de la même époque. Tant d'œuvres ont été détruites pendant les moments de troubles ! Tant d'autres ont été anéanties, en pleine période de paix, par suite de l'indifférence des bélîtres ! La collaboration de nos divers barbares a rendu à jamais impossible l'histoire complète des origines de notre peinture.

Les verriers, malgré divers perfectionnements, ne dépassèrent point leurs ancêtres du XIIIᵉ siècle. Notés avec soin, les personnages et les décors de leurs vitraux apparaissent d'une réalité plus vraie, non plus affective. Et si leurs scènes sont bien composées, leurs colorations manquent de splendeur. En vain rapproche-t-on les outremers et les pourpres des grisailles diaphanes, nul ne retrouve le secret des harmonies magnifiques et touchantes. Une des plus délicieuses vitreries du XVᵉ siècle est celle de la Sainte-Chapelle de Riom, et l'une des mieux impressionnantes celle de Saint-Ouen à Rouen. D'autres vitraux dignes d'admiration se trouvent dans la même ville, aux voûtes hautes de Notre-Dame, dans les cathédrales d'Evreux, du Mans et de Tours, dans les églises Saint-Germain-l'Auxerrois à Paris, de Grezolles et d'Ambierle (Forez) (1). Enfin l'on doit signaler, pour leur exécution délicate, l'importante verrière du transept septentrional de la cathédrale de Metz et la rose aux teintes convalescentes de la Sainte-Chapelle de Paris ; et, pour leur caractère, les vestiges de Bourges qui proviennent de la Sainte-Chapelle des Ducs et de l'ancien hôtel de Jacques Cœur.

Au XVᵉ siècle, la fabrication des hautes lisses atteint à son apogée. Les tapissiers affinent les fils et les enrichissent de nuances nouvelles ; ils les parsèment de soie et d'or avec plus de luxuriance que jamais ; ils ajou-

---

(1) Les vitraux d'Ambierle forment une suite importante, mais ils sont en très mauvais état et, de plus, ils ont subi une première restauration funeste. A Grezolles, il n'y a qu'un fragment de verrière ; il représente sainte Barbe en prière.

tent au charme de leurs orchestrations de tonalités. Les
dessinateurs de cartons s'appliquent à bien représenter
la nature jusqu'en ses plus humbles plantes et réservent
une large place au paysage : mais, d'autre part, ils se
laissent trop souvent entraîner aux effets compliqués, à
la représentation littérale des foules. En encombrant,
par exemple, leurs scènes de personnages et en les
surchargeant d'accessoires, beaucoup négligent l'équilibre des groupes pour la portraiture des individus et
compromettent le caractère décoratif de leurs ensembles.
Les ateliers se multiplient, et l'on en trouve de notables à Bourges, à Troyes, à Reims, à Rennes, mais
aucun d'eux, pas plus que ceux de Paris, n'arrive à
surpasser les ateliers d'Arras et de Lille, toujours bellement prospères grâce à Philippe le Bon et à Charles le
Téméraire. Et les ateliers arrageois ne cesseront de
prédominer qu'en cessant d'être, lorsque Louis XI ex-
pulsera les habitants d'Arras (1479).

D'admirables tapisseries ont échappé à la destruction :
les *Vies* de saint Pierre (cathédrale de Beauvais) ; de
saint Martin (cathédrale d'Angers) ; de saint Etienne (1)
(musée de Cluny), de Notre-Seigneur (la Chaise-Dieu et
cathédrale d'Aix-en-Provence) ; les *Instruments de
la Passion* (cathédrale d'Angers). Cette tenture est du
début du XVIᵉ siècle, et la suite des tapisseries d'Aix
date de 1511 ; mais, par leur composition comme par
leur exécution, elles relèvent du XVᵉ. Selon une tradition
plausible, les tapisseries d'Aix auraient été réalisées
d'après les cartons de Quintin Massijs. Toutes ces
œuvres plaisent par l'intense vie de leurs figures, l'intelligente naturalisation de leurs décors et l'heureuse ri-
chesse de leurs teintes (2).

Parmi les belles broderies, on distingue celles d'un

(1) *Suite* exécutée à Arras.

(2) Certaine *Condamnation de Souper et de Banquet* (musée de
Nancy) renseigne sur la manière dont on comprenait la représentation allégorique, de plus en plus goûtée. C'était en la plus subtile
de ces images un mélange bonhomme de fantaisie et de réalité. Les
artistes d'alors étaient presque tous des imaginatifs à visions d'ana-
lystes et ils ne traçaient rien qui n'eût la marque de leur époque,
de leur entourage. On s'attachait beaucoup aussi à l'illustration des
romans de chevalerie ; la suite de la *Dame à la licorne* (Cluny) en
est un délectable spécimen.

parement d'autel (musée de Lille), fait d'étoffes diversement teintées sur lesquelles des colorations ont été appliquées au pinceau, et celle de roses et de perles qui, délicieusement, enjolive le galon d'or et la mitre en toile d'argent de Charles de Neufchâtel (cathédrale de Besançon). Une chape en drap d'or rouge avec orfrois illustrée par la vie du Baptiste (église de Béhuard) et la luxueuse chasuble en velours que conserve la cathédrale de Reims sont de réels chefs-d'œuvre. On fabriquait aussi de ravissants tissus de soie et d'or historiés de scènes ; certain *parement d'autel* exécuté très probablement à Lyon pour le cardinal de Bourbon et maintenant dans la cathédrale de Sens est un spécimen splendide de ce genre de travail. Il représente l'*Adoration des Mages* et ses tonalités s'allient en une prestigieuse harmonie.

Le chef-d'œuvre de l'orfèvrerie au xve siècle, c'est la statuette en argent doré du trésor de Conques, la célèbre Sainte Foy, à la ceinture constellée d'émaux, dont plusieurs à jour. Une parure identique égaye la couronne de Sainte Valérie de Chambon (Creuse). Techniciens experts, les orfèvres aimaient à modifier leur manière. Certains parvinrent à étendre directement l'émail sur des pièces d'orfèvrerie d'une extrême délicatesse. Vers 1450, les limousins imaginèrent l'émail peint sur le cuivre (1). Sorte de peinture sur verre, les couleurs étalées sur l'émail qui revêt le cuivre étant vitrifiables. Maints émailleurs étaient d'ailleurs verriers. L'émail peint eut un rapide succès et l'on s'empressa de l'appliquer aux reliquaires.

En s'absorbant dans les vétilles, les ivoiriers avaient fini par gâter leurs dons d'artistes ; l'influence étrangère acheva de fausser leur goût. On s'était mis à décorer les crosses ecclésiastiques, ils les surchargèrent de figures et même de groupes en ronde bosse d'un dessin médiocre. Les meilleurs d'entre eux savaient encore tailler de fines statuettes, il leur était impossible de mettre en place des personnages dans un décor. La

---

(1) A la même époque, les Vénitiens en faisaient autant. Comme pour l'émail translucide, on peut admettre une simultanéité d'invention.

riche couverture du *De divinis nominibus* exécutée pour Manuel Paléologue, qui en fit don à l'abbaye de Saint-Denis, n'est qu'un vain triomphe du métier.

On comprend que les ivoires aient été délaissés alors pour les figurines en bois. Celles-ci, tout aussi parlantes que celles du XIVe siècle, sont en général mieux bâties. Il y en a que l'on ne saurait oublier : la *Notre-Dame des Ardents* (Cluny), un *Saint Jean-Baptiste* très chrétien et très bourguignon (Louvre), une *Sainte Marthe* (Musée de Château-Gonthier), une *Sainte Vierge* et une *Circoncision* (musée de Lille), une *Mort de Marie* (musée Saint-Raymond, Toulouse). Quelques imagiers s'attardèrent cependant dans les errements de leurs prédécesseurs : c'est le cas de celui qui tailla, pour l'église de Champdeuil (Seine-et-Marne), le retable aux sept motifs encombrés qui se trouve au musée de Cluny.

Plusieurs coffres, tel celui de l'abbaye de Saint-Benoît (Saône-et-Loire), également à Cluny, présentent un décor agréable, mais les parures des stalles sont plus intéressantes encore. Il en existe, ornées, avec un art charmant de motifs divers où prédominent les feuillages. Ce sont celles de l'église de Flavigny (Côte-d'Or), de Notre-Dame de Rodez et de la cathédrale de Saint-Claude. En outre on peut signaler ici les magnifiques stalles de la cathédrale d'Amiens, car, quoique œuvrés entre 1508 et 1522, elles se rattachent aux précédentes (1).

On doit enfin un grand nombre d'œuvres aux artisans qui travaillaient le fer, le cuivre, le bronze, le plomb, le cuir. Bornons-nous à mentionner : les portes de fer forgé provenant d'une armoire de l'abbaye de Saint-Loup, à Troyes, et représentant, d'une part, le *Christ à l'Hostie*, de l'autre, la *Crucifixion*; les *pièces de serrurerie* à images pieuses de Cluny, les *pots à aumônes* en fer à mailles ajourées de la cathédrale de Beauvais, l'*aigle de bronze* formant lutrin de l'église

(1) Jean Turpin, aidé par le sculpteur Antoine Avernier, en conduisit les délicats travaux confiés aux menuisiers Alexandre Huet et Arnoult Boulin. Les stalles de Saint-Claude eurent pour auteur Jean de Viéry (1455).

de Rosnay (Aube), la croix processionnelle en cuivre doré aux cabochons émaillés de l'église d'Albieu (Loire).

Au xvᵉ siècle, comme au xiiiᵉ, une belle émulation stimulait les représentants des arts intimes. Partout, on s'efforça d'entretenir la splendeur des foyers créés par les ancêtres.

Considérations générales.

L'art qui naquit sur notre sol fut éminemment chrétien jusqu'au xvᵉ siècle. Né pour donner à la nation un enseignement religieux, il accomplit sa mission en s'inspirant sans cesse des Textes sacrés, des Pères et des Docteurs. Le clergé, d'ailleurs, tout en laissant aux artistes la liberté dont ils avaient besoin, veillait à ce que nulle erreur théologique n'entachât les œuvres. Quelques-unes reproduisent des légendes prises dans les apocryphes populaires (1) ; aucune ne manque à la Doctrine. « Il n'y a pas dans l'Europe entière, dit fort justement M. Male, un ensemble d'œuvres dogmatiques comparable, même de bien loin, à celui que nous présente la cathédrale de Chartres. C'est en France que la doctrine du moyen âge a trouvé sa forme parfaite. La France du xiiiᵉ siècle fut la conscience de la chrétienté (2). » Tout ce que contiennent d'essentiel les *Sermons* de saint Bernard, l'*Imago mundi* et le *Speculum Ecclesiæ* d'Honorius d'Autun (3), la *Glose ordinaire* de Walafried Strabo (4), le *Miroir* de Vincent de Beauvais, les *Sommes* de saint Thomas, nos cathédrales le proclament, le répètent sous mille formes.

« Au porche nous rencontrons d'abord Jésus-Christ, comme le rencontre tout homme qui vient en ce monde.

(1) Notamment dans la *Légende dorée* et l'*Evangile de Nicodème*.

(2) *L'Art religieux du* xiiiᵉ *siècle en France*, p. 5 et 6. Excellent ouvrage à consulter.

(3) Pour l'*Imago*, cf. *Patrol.*, t. clxxii . col. 123-124. Le *Speculum*, recueil de sermons composé au xiiᵉ siècle, jouissait encore au xiiiᵉ d'un immense succès.

(4) Explications allégoriques de la Bible. Cf. *Patrol.*, t. cxiii et cxiv.

Il est la clef de l'énigme de la vie. Autour de lui, une réponse à toutes nos questions est écrite.

Nous savons comment le monde a commencé et comment il finira. Des statues, dont chacune est le symbole d'un âge du monde, nous en mesurent la durée. Tous les hommes dont il importe que nous connaissions l'histoire, nous les avons sous les yeux. Ce sont ceux qui, sous l'Ancienne ou la Nouvelle Loi furent des types de Jésus-Christ : car les hommes n'existent qu'autant qu'ils participent à la nature du Sauveur. Les autres, rois, conquérants, philosophes, ne sont que des noms, des ombres vaines. Ainsi le monde et l'histoire du monde nous deviennent clairs.

« Mais notre histoire à nous-mêmes est écrite à côté de celle de ce vaste univers. Nous y apprenons que notre vie doit être un combat : lutte contre la nature à chaque mois de l'année, lutte contre nous-mêmes à tous les instants, éternelle Psychomachie. A ceux qui ont bien combattu, des Anges, du haut du ciel, tendent des couronnes (1). »

Même quand il eut poussé des rejetons profanes, notre art continua d'affirmer sa vitalité et sa supériorité par de pieuses floraisons. Ses chefs-d'œuvre les plus prestigieux, ses ouvrages les plus attachants, c'est, encore après François Ier, la religion qui les inspira. Et cet art, insistons sur ce point, ne fut pas moins français que chrétien. Dès l'époque des essais, nos artistes, tout en s'appliquant à bien traduire les Saintes Ecritures, à bien manifester les sentiments religieux, s'efforcèrent, on a vu comment, d'œuvrer avec originalité selon les aspirations et l'esprit de leur race. Aussi leurs différents travaux sont-ils des sources précieuses d'enseignements esthétiques.

A peine formé, l'art français apparaît fécond et varié. De Philippe-Auguste à Louis XII, toutes les manifestations plastiques furent cultivées dans notre patrie, tous les modes d'interpréter eurent de remarquables représentants. A côté des œuvres purement mystiques, maints ouvrages délicieusement terrestres se dévelop-

_____

(1) Male, *loc cit.*, p. 440-441.

pèrent ; à côté des grandioses décorations d'églises, d'exquis décors intimes. Aucun groupe de décorateurs dans l'Europe occidentale n'a compris l'union de la sculpture et de l'architecture mieux que les Français du XIIIᵉ siècle. Les églises de cet admirable époque abondent en exemples typiques d'interprétation monumentale, et l'on peut affirmer que les glorieux inconnus qui conçurent et tracèrent leur parure de pierre ont été les éducateurs de tous les artistes de la chrétienté. Comme leurs devanciers, ils se plaisaient à observer les caractères particuliers des êtres et des choses ; toutefois, comme ils devaient presque tout ramener à des effets décoratifs et qu'ils étaient nés décorateurs, ils échappèrent au réalisme étroit, ils ne s'attardèrent point à copier, ils interprétèrent. Leur manière fut simple, large, synthétique. C'est pourquoi, parmi les têtes qu'ils ont travaillées en portraits, par exemple aux amortissements d'archivolte de la cathédrale de Reims, aux culots de la cathédrale d'Amiens, aux clefs de voûte de la chapelle du château de Saint-Germain-en-Laye, on n'en trouverait pas une qui ne soit appropriée à sa destination, pas une qui, dans le motif dont elle fait partie, cause la moindre dissonance (1).

L'interprétation était devenue d'autant plus facile que les sentiments s'étaient affinés à mesure que les mains acquéraient de la dextérité. Et cet heureux résultat de longs efforts ne fut pas atteint dans quelques régions seulement : partout, après avoir œuvré, on chef-d'œuvra. Certaines écoles, dont celle de Bourgogne (2), mirent plus de temps que d'autres à se perfectionner ; aucune n'y faillit. Quoique imprégnées encore de leur provincialisme, les diverses manifestations de notre art donnent nettement l'impression

(1) Et l'on peut en dire autant des figures grotesques qu'ils tracèrent avec une verve plaisante sur certains coins de murailles qui ne comportaient qu'un soupçon de décor. Le portail de la cathédrale de Lyon et celui des Libraires (cath. de Rouen) offrent les plus curieux spécimens de cette caricature sur pierre.

d'avoir été inspirées par une seule foi esthétique, exécutées d'après des principes communs. Ce sont les enfants d'un même père mais de lits différents.

Décorateurs, nos ancêtres le furent avec une audace, une verve inconnues jusqu'alors, nous l'avons dit ailleurs (1), et, pour ne pas se préoccuper de la mesure dans l'arrangement de leurs motifs, ils n'en comprirent et n'en appliquèrent pas moins les lois de l'harmonie. En outre, don précieux pour des imaginatifs que tourmentait le besoin de grouper, d'assembler de nombreux personnages, ils surent équilibrer les lignes de telle sorte qu'ils abusèrent parfois du grouillement sans surcharger. Il est facile de les critiquer relativement à la structure des formes, les meilleurs d'entre eux eurent des négligences ; nul ne peut leur dénier la parfaite connaissance du langage des lignes et le don d'en jouer. Au-dessous des sculpteurs de l'Hellade en tant que tailleurs d'images, ils l'emportent sur eux comme décorateurs de monuments par leur adressse à lier ensemble les figures et les détails architectoniques. Et tous, imagiers, enlumineurs, dinandiers et fondeurs de métaux, tous consentirent, comme les statuaires, à soumettre leur imagination aux exigences de l'emplacement, du format ou de la matière, tous surent obtenir la variété dans l'unité.

L'originalité des créateurs de l'art français fut d'équilibrer les lignes de leurs décors d'une façon plus libre que celle des Hellènes et moins confuse que celle des Romans, en vue d'animer leurs compositions. Egalement hostiles à l'effet scénique et à l'ordonnance symétrique, ils disposèrent leurs personnages avec le plus de naturel possible, de manière qu'ils se reliassent avec leur entourage ; et cette intelligente adaptation de la figure au monument les distingue entre tous. Enclins à disproportionner à cause de leurs recherches de décoration monumentale, ils négligèrent parfois l'anatomie de leurs figures ; ce fut du moins sans en bannir la vie. Il n'est pas une statue du siècle de saint Louis dont l'âme ne palpite sous la longue robe ou le manteau drapé.

Les licences dont ils usèrent s'expliquent par la

(1) *Le Sentiment de l'art*, chap. I.

nécessité d'accommoder certaines figures à des emplace-
ments désignés. Ce fut pour combler un vide qu'ils
courbèrent ici un contour, ce fut pour remplir une
niche qu'ils allongèrent ailleurs une jambe. En procédant ainsi, les sculpteurs sacrifiaient aisément la beauté
des galbes à l'harmonie du décor et ils étaient d'autant
moins soucieux des proportions normales qu'ils avaient
peu l'occasion d'étudier le nu (1). Mais l'amour des
belles formes ne doit pas entraîner au dédain de la
beauté morale lorsque celle-ci rayonne sur des traits
peu réguliers. Tout mode d'expression est admissible
s'il porte l'empreinte d'un caractère d'art.

Or, comme interprètes d'expressions faciales, nos
vieux maîtres atteignirent à une rare puissance et plus
d'un transfigura vraiment, nous l'avons vu, les faces
de ses ascètes et de ses contemplatives. Ah ! certes, la
plupart des statues de nos cathédrales manquent d'aris-
tocratie ; leurs auteurs étaient du peuple et prenaient
leurs modèles autour d'eux, ils pouvaient les interpréter, non pas en changer le type. Mais qui donc
s'en plaindrait ? C'est parce qu'ils ont taillé la moindre
image à leur ressemblance que ce peuple de pierre
semble vivre et prier !

Bref, dans leurs différents travaux, les artistes du
XIIIᵉ siècle cherchèrent toujours à concilier l'harmonie
et la vie, et, le plus souvent, ils y réussirent. Leur art
n'est pas seulement décoratif et vivant, il est expressif, — et expressif par les physionomies autant que par
les attitudes, ce dont l'antiquité n'offre presque pas
d'exemples. Enfin, répétons-le, cet art encyclopédique
est éminemment religieux. Il n'apprend pas seulement
à s'inspirer de la nature et à créer des décorations
monumentales, il montre, avec une touchante éloquence
comment on peut spiritualiser des visages sans nuire à
leur humanité et composer des scènes très artistes tout
en respectant les enseignements de l'Eglise. Subtil et
naïf en son symbolisme, parfois hardi dans ses ingé-

(1) Ils s'en préoccupaient néanmoins. Plusieurs artistes dessinaient
leurs figures « sur le vif » avant de les vêtir, nous pouvons le conjec-
turer d'après l'album si curieux, si précieux, de Villard de Honne-
court, le savant maître d'œuvre cambraisien. Album publié par Lassus
en 1858.

niosités, il resta toujours dans l'esprit chrétien. La foi
la mieux éclairée, le mysticisme le plus pur l'ont péné-
tré et l'immatérialisent. Aussi, des œuvres qui le constituent, « sort la même impression de grandeur que de
certaines pages de Bossuet dans ses *Élévations sur les
Mystères* (1) ». Ne négligeons donc point d'étudier cet
art, d'en acquérir la parfaite connaissance, et vénérons
particulièrement ses vestiges, car, par leur spiritualité
comme par leur caractère, ils affirment notre tradition
nationale et, avec autant de pureté que de force, ils
manifestent le génie de notre race.

BIBLIOGRAPHIE ET ICONOGRAPHIE

Archives de l'art français.
Archives de la Commission des monuments historiques.
*Annales archéologiques. — L'art chrétien. — Revue du
Moyen Age* (Revues).
VILLEMIN. — *Monuments français inédits.* Paris, 1806-
1833.
DU SOMMERARD. — *Les arts au moyen âge.*
Emeric DAVID. — *Histoire de la peinture au moyen âge.*
SUGER. — *Œuvres*, éditions Lecoy de la Marche, Paris,
1876.
LENOIR. — *Histoire des arts en France*, Paris, 1810.
P. P. CAHIER et MARTIN. — *Mélanges archéologiques*,
Paris, 1847-56. — *Nouveaux mélanges*, id., 1874-77.
DIDRON. — *Monographie chrétienne. Histoire de Dieu*,
Paris, 1844.
GRIMOUARD DE SAINT-LAURENT. — *Guide de l'art chrétien*,
Paris-Poitiers, 1872-73.
COURAJOD. — *Origines de l'art roman et gothique. — Ori-
gines de la Renaissance en France*, Paris.
GONSE. — *L'art gothique*, Paris, 1891. — *La sculpture
française depuis le XIV* siècle*, Paris, 1895.
DE BAUDOT. — *La sculpture française du moyen âge à la
Renaissance*, Paris, 1878-1884.
J. LABARTE. — *Histoire des arts industriels.*

---

(1) Male, *loc. cit.*, p. 237.

GÉLIS-DIDOT et LAFFILÉE — *La peinture décorative en France.*

F. DE LASTEYRIE. — *Histoire de la peinture sur verre,* Paris, 1838-58.

R. DE LASTEYRIE. — *Etude sur la sculpture française au moyen âge,* Paris, 1902.

LECOY DE LA MARCHE. — *Les manuscrits et la miniature.*

LÉON DE LABORDE. — *Les ducs de Bourgogne,* Paris, 1849-1851.

G. LE BRETON. — *Essai iconographique sur saint Louis.*

Comte DURRIEU. — *Les Très Riches Heures du duc de Berry,* Paris 1904.

F. THIOLLIER. — *Le Forez pittoresque et monumental,* Lyon 1889.

F. THIOLLIER. — *Réunion des Sociétés des Beaux-Arts des départements,* 15ᵉ session.

F. et N. THIOLLIER. — *Art et archéologie dans le département de la Loire,* 1898.

Em. MALE. — *L'art religieux du XIIIᵉ siècle en France,* Paris, 1902.

GRANDMAISON. — *Les arts en Touraine,* 1870.

Chanoine CERF. — *Histoire de la cathédrale de Reims,* Reims, 1861.

Abbé BULTEAU. — *Description de la cathédrale de Chartres,* Chartres, 1850. — *Monographie,* id., 1891.

P. P. MARTIN ET CAHIER. — *Vitraux de Saint-Etienne de Bourges,* Paris, 1841-44.

G. DURAND. — *La cathédrale d'Amiens,* 1901.

Abbé AUBER. — *Histoire de la cathédrale de Poitiers,* Poitiers, 1849.

V. MORTET. — *Etude historique et archéologique sur la cathédrale de Paris,* Paris, 1888.

BÉGULE et GUIGUE. — *Monographie de la cathédrale de Lyon,* Lyon, 1880.

BÉGULE. — *Les incrustations décoratives des cathédrales de Lyon et de Vienne,* Paris, Lyon, 1905.

LECOY DE LA MARCHE. — *Le XIIIᵉ siècle artistique,* Lille, 1889.

J. DENAIS. — *Monographie de la cathédrale d'Angers.* Paris, 1899.

E. MÜNTZ. — *Tapisseries, broderies et dentelles,* Paris, 1890.

ADAMS. — *Recueil de sculptures gothiques.*

TABLE DES MATIÈRES

172-07. — Imp. des Orph.-Appr., F. Blétit, 40, rue La Fontaine, Paris

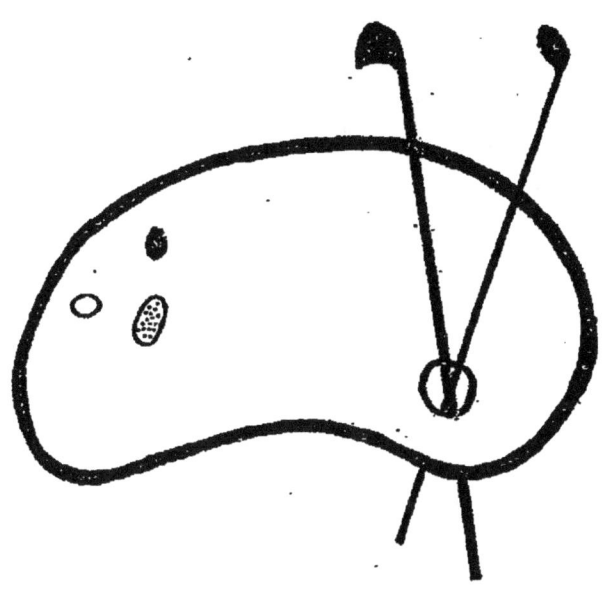

www.ingramcontent.com/pod-product-compliance
Lightning Source LLC
Chambersburg PA
CBHW071422220526
45469CB00004B/1391